"우리에게 허락된 가장 중요한 권리는 책임질 권리다."

_제럴드 아모스

←——

아르헨티나 파타고니아의 피츠로이산 스카이라인. 사진: 선우중옥

The Future of the Responsible Company

patagonia®

파타고니아 — 인사이드

파타고니아가 그리는 책임경영 기업의 미래

이본 쉬나드·빈센트 스탠리 지음
이영래 옮김

라이팅하우스

파타고니아의 과거에도, 현재에도, 미래에도
회사의 영혼인 모든 파타고니아 동료들에게 바칩니다.

←——

1974년 캘리포니아 오웬스밸리가 내려다보이는 터틀 크릭 근처에서 추수감사절을 함께 보내는 동료들.
사진: 게리 레제스터

——→

2016년 7월 캘리포니아 벤투라의 파타고니아 매장 뒤편에서 열린 「언브로큰 그라운드(Unbroken
Ground)」의 시사회. 파타고니아와 파타고니아의 전신(前身)인 등반 장비 회사 쉬나드 이큅먼트는 1966
년부터 이 뒷마당을 고향이라고 불렀다. 스크린 뒤에는 본래 대장간이 있었다. 배경의 다른 건물은 사내
보육 센터와 사무실이다. 사진: 카일 스파크스

서문

파타고니아의 50년에서 우리가 배운 것

파타고니아가 40년에 걸쳐 배운 기업의 책임에 대한 책 『리스판서블 컴퍼니 파타고니아』를 쓴 지 10년이 흘렀다. 그동안 세상과 파타고니아에는 여러 가지 극적인 변화가 있었다. 파타고니아 창립 50주년을 기념해 새롭게 펴낸 개정판 『파타고니아 인사이드』는 이런 변화를 반영한다. 단, 생태적, 사회적, 재정적인 측면에서 더 이상 지속 가능성이 없는 250년 차 산업 모델의 의도치 않은 결과에 직면한 각계각층의 사람들에게 우리 시대 기업의 책임이 무엇인지를 분명히 밝히겠다는 이 책의 목적에는 변함이 없다.

이본 쉬나드는 파타고니아가 100년 후를 생각하면서 행동해야 한다고(이 문제에 있어서는 다른 모든 기업 역시 그래야 한다고) 말해 왔다. 긴 세월 사업을 계속해야 할 회사를 내실 없이 외형만 키워서는 안

$\longrightarrow$

파타고니아의 첨단 제품 연구·개발 팀의 본거지, 캘리포니아 벤투라의 제품 개발 연구소에서 퍼즐을 맞추고 있는 직원. 사진: 팀 데이비스

된다는 것이다. 한때 미국의 표준이었던 이런 기업 정신은 1960년대에 밀턴 프리드먼의 주주 우선주의, 즉 기업의 유일한 목적이 이익 극대화라는 원칙에 밀려났다. 이런 식의 목표는 주가를 높게 유지하는 데는 도움이 되지만 장기적으로는 사회와 지구는 물론 기업 자체의 건전성에 도움이 되지 않는다. 1950년대에는 기업의 수명이 보통 60년을 넘었지만, 지금은 가까스로 20년을 버티고 있다.

회사를 세운 창립자는 영원히 살지 못한다. 창립 50년을 맞은 기업이 앞으로 50년을 더 책임을 다하는 기업으로 운영되려면 적합한 최고 경영자를 임명하는 것 이상의 승계 계획이 필요하다. 2012년, 파타고니아는 캘리포니아주 베네피트 기업(Benefit corporation, 이윤과 공익 창출을 동시에 추구하는 것이 정관에 명시된 기업)이 되었고, 이로써 기업 헌장에 매년 매출의 1퍼센트를 풀뿌리 환경단체에 기부하는 것을 비롯해 기업의 핵심 가치관과 관행을 명시할 수 있게 되었다. 회사의 초기 사명 선언인 "우리는 최고의 제품을 만들되 불필요한 환경 피해를 유발하지 않으며, 환경 위기에 대한 공감대를 형성하고 해결 방안을 실행하기 위해 사업을 이용한다"는 이때부터 법의 힘을 빌려 소유주와 별개로 계속 이어질 수 있게 되었다. 이와 다른 가치관을 가진 사람이 회사를 인수하지 못하도록 하기 위해 이 선언문의 변경은 회사 주주 100퍼센트의 찬성을 필요로 한다.

심화되는 위기와 기업과 정부의 효과적이지 못한 대응에 실망한 이본은 2018년 핵심을 더욱 강조하기 위해 사명 선언문을 이렇게 고쳐 썼다. "우리는 우리의 터전 지구를 되살리기 위해 사업을 합니다."

파타고니아가 "환경 위기에 대한 공감대를 형성하고, 해결 방안을 실행하기 위해 사업을 이용하겠다"라고 약속한 때로부터 거의 30년이 흘렀다. '불필요한 환경 피해를 유발하지 않기 위한' 노력을 30년 동안 이어온 것이다. 우리는 우리의 노력과 그 결과로 탄생한 제품에 자부심을 느꼈지만, 우리가 바위를 밀어 올리기 위해 매일같이 아무리 애를 써도 바위는 다시 아래로 굴러떨어졌다. 세계의 경제활동은 지구의 물리적 한계를 갈수록 더 많이 침범하고 있다. 온실가스가 증가하고, 폭풍은 거세지고, 강 하구는 말라붙고, 토양의 비옥도는 낮아지고, 생물종은 자연 상태에서보다 천 배는 빠른 속도로 계속 사라지고 있다.

더 분명해진 우리의 목표는 최후의 날이 닥치지 않게 막는 것에 그치지 않는다. 우리는 지난 10년 동안 우리가 세운 식품 기업, 파타고니아 프로비전(Patagonia Provisions)으로부터 새롭고 유망한 것들을 익혔다. 먹거리를 비롯한 식물을 재배하는 재생 유기농법(Regenerative organic practice)은 표토를 회복하고, 지하수 고갈과 하천 오염 속도를 늦추고, 대기 중의 탄소를 토양 깊숙이 끌어들이고, 서식지를 복원하고 생물 다양성을 개선하며, 그 과정에서 농촌 지역사회의 건전성을 되살리는 데 도움을 줄 수 있다.

2016년 우리는 컨자(미국 토양연구소가 밀을 대체하기 위해 개발한 다년생 작물로, 수확량이 많고 대기의 이산화탄소를 흡수한다-옮긴이)로 만든 유기농 맥주 '롱 루트 에일'을 시장에 선보였다. 컨자는 10피트(약 3.1 미터) 이상의 깊이까지 내려가 미생물과 곰팡이가 표토를 생성하기에 적절한 조건을 만들어 주는 다년생 밀싹이다. 2년 후에는 인도의 영세 농가들과 협력해 재생 유기농 인증 면화의 재배도 시작할 예정이다. 여기서는 해충을 억제하고 또 다른 수입원이 되어 주는 강황을 함께 심는 재생 유기농법이 사용될 것이다.

파타고니아 프로비전은 우리 의류 사업의 새로운 방향을 제시했다. 우리는 환경 피해를 줄이거나 탄소 중립을 달성하는 것을 넘어서는 일을 할 수 있다. 우리는 지구로부터 얻은 것만큼, 아니 그 이상을 돌려줄 수 있다. 우리는 긍정적인 혜택에 기여하고 세상에 긍정적인 영향을 줄 수 있다.

2022년, 쉬나드 가족은 회사가 지닌 금전적 가치는 물론 도덕적 가치까지 포함한 모든 가치를 새로운 목적에 투자하기로 약속했다. 회사 주식의 100퍼센트를 '파타고니아 퍼포즈 트러스트(Patagonia Purpose Trust)'와 세법 501(c)(4)가 규정하는 사회복지단체 '홀드패스트 콜렉티브(Holdfast Collective)'에 확정 위임함으로써 파타고니아의 연간 수익을 지구를 구하기 위해 일하는 단체에 기부한 것이다. 이제 지구는 파타고니아의 유일한 주주다.

몇 년 전 한 인문대학에서 강연을 마치고 학장실로 안내를 받았던 일이 기억난다. 학장은 회색 정장에 넥타이를 맨 창백한 낯빛의 60대 남성이었다. 그에게는 졸업생들이 첫 직장을 찾는 일을 도울 책임이 있었다. 그는 심각한 문제가 있다면서 목소리를 낮춰 괴로운 듯 말했다. "학생들이 나쁜 회사에는 절대 가려고 하지 않아요."

이것은 좋은 문제다. 지난 10년 동안 비즈니스 세계에서 기업의 책임 요소는 크게 변하지 않았지만 문화적 상황은 완전히 변했다. 젊은이들은 이제 사회와 환경, 직원에 대한 책임을 다하는 기업에서 일하기를 원하며 경영학도들은 더 이상 무책임한 사업 관행이 재정적으로 유리한 결과를 가져오지 않는다는 것을 잘 알고 있다.

파타고니아(우리가 유일하게 깊이 알고 있는 기업)의 경험을 바탕으로 한 이 책이 비즈니스 관행에 근본적인 변화가 필요하다고 생각하는 사람들은 물론 우리와 전혀 다른 분야에서 일하는 사람들에게도 도움이 되기를 바란다. 이 책은 주로 제품을 직접 만들거나 우리처럼 디자인을 해 다른 사람들에게 제품을 만들게 하는 회사를 대상으로 하지만, 직원에게 좋은 대우를 하면서 환경적 성과를 개선하고자 하는 기업, 시민단체, 비영리단체에도 도움이 될 것이다. 『파타고니아 인사이드』는 특히 비즈니스 리더와 경영자들의 관심을 끌 만한 책이지만, 각자의 일터에서 자신을 속이지 않는 솔직한 태도로 최선을 다해 기쁘게 일하고자 하는 모두를 위한 책이기도 하다.

_이본 쉬나드, 빈센트 스탠리

→
캘리포니아 요세미티에서 암벽을 오르고 있는 케이트 러더퍼드. 사진: 마이크 쉐퍼

1
당신이 아는 것보다
세상은 더 위태롭다

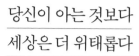

환경보호론자 마가렛 뮤리는 야생은 인간의 손길이 오래 머물지 않은 곳이라고 말한다. 야생은 장소를 말하기도 하지만 영적인 개념이기도 하다. 인간은 자연의 일부이며, 야생 상태의 자연을 경험해 보지 못한 인간은 자신의 위치에 대한 적절한 관점을 가질 수 없다. 우리는 우리 자신과 세상 속에서 우리의 위치를 알기 위해 장엄하고 신비로운 미지의 세계에 참여해야 한다. 랄프 왈도 에머슨, 헨리 데이비드 소로를 비롯한 초월론자들은 1830년대부터 1860년대까지 뉴잉글랜드에서 이런 가르침을 얻고 가르쳤다. 그들은 우리가 누구이며 어떻게 살아야 하는지를 자연으로부터 직접 배울 수 있다고 말했다.

←

2021년 8월, 캘리포니아 폴락파인스 인근 엘도라도 국유림을 덮친 대형 산불 칼도르 파이어. 사진: 맥스 휘태커

시어도어 루스벨트의 생각도 이와 같았다. 1903년 요세미티에서 캠핑을 할 때 안락한 오두막 대신 별빛 아래 침상에서 잠을 청한 그는 이후 큰 깨달음을 얻어 미국의 야생지대를 지키는 데 헌신하게 되었다. 그는 퇴임 전 2억 3천만 에이커(약 93만 제곱킬로미터)를 보호 대상 공유지로 지정했다.

루스벨트의 정치적 후계자인 리처드 닉슨은 '멸종위기종 보호법(Endangered Species Act)'에 서명하기 1년 전(1972년), 법안과 관련해 다음과 같은 글을 쓰기도 했다.

이것은 다름 아닌 환경에 대한 각성이다. 아메리카 정신의 새로운 감수성이며 미국 사회가 이전과는 다른 경지의 성숙에 이르렀음을 의미한다. 이제 우리는 신처럼 주변 환경을 마음대로 다루면서 생존할 수 있다는 오만한 태도를 버리고, 자연과의 책임감 있는 파트너십에 헌신해야 한다. 이는 개인, 기업, 정부, 시민단체가 자원을 보존하고, 오염을 통제하며, 새로운 환경문제 예측 및 예방, 현명한 토지 관리 그리고 야생을 보존하는 일에 온 힘을 모으는 광범위한 개혁으로 이어질 것이다.

닉슨이 이 글을 쓴 지 50년이 흘렀지만, 미국인들은 자연 파괴를 유발하는 고성장, 물질 집약적 자본주의를 누구보다 열렬하게 신봉하며 실천하고 있다. 미국은 야생의 가치를 인정하고 자연을 스승으로 삼는 자연보호 사상의 발상지이지만, 미국 국민들은 야생의 청지기라기보다는 정복자로 살아왔다.

'인간이 자연에 더하는 것은 자연을 손상시킨다.'

파타고니아(PFCs의 퇴출을 시작하기 전)를 비롯한 아웃도어 업계
가 물기와 먼지를 막는 데 효과적이고 오래 가는 재료로 사용해 온
과불화화합물(PFCs, 조리도구나 의류의 코팅제로 사용됨)이 그 한 예다.
'영속적 화학물질(forever chemical)'로 알려진 PFCs는 독성이 있으
며 수로, 새의 위, 사람의 혈류에 들어가도 분해되거나 용해되지 않
는다.

지난 200년 동안 산업계에서는 이전에는 생물이 흡수할 필요가
없었던 엄청난 수의 화학물질을 어마어마한 양으로 만들어 냈다.
미국 환경보호청은 1982년에 62,000개의 산업용 화학물질을 확
인했지만, 이에 대한 검사나 사용 금지 조치는 없었다. 그 이후로
24,000여 가지 화학물질이 추가됐다. 테스트를 거친 화학물질은 수
백 개에 불과하며 금지된 것은 단 9가지다. 우리 몸에는 PFCs 외에
도 조상들은 알지도 못하는 200여 종의 화학물질이 있으며, 그중에
는 강한 독성을 가진 것도 있고 독성은 약하지만 천천히 작용하는
발암물질도 있다. 혈류로 들어온 화학물질은 그 자체로는 아무런
영향을 미치지 않지만 다른 화학물질과 결합하면 위험해질 수 있
다. 자연으로 방출된 다양한 화학물질 간의 검증되지 않은 상호작
용은 최대 30억 개의 조합을 이룰 수 있다.

우리가 아는 것이 너무 적기 때문에 질병의 원인이 환경적 요인인지 추적하는 것은 몹시 어려운 일이다. 저개발국보다 부유한 국가의 발병률이 훨씬 높은 질병들이 있는데, 이는 신체적 회복력이 저하되었음을 나타내는 것일 수 있다. 천식, 알레르기, 루푸스, 다발경화증과 같은 염증성 자가 면역 질환들이 그런 질병들이다. 현재 중년에 이른 사람은 흡연을 하지 않았어도 폐기종의 전조 증상인 만성 폐쇄성 폐질환 발병률이 흡연자와 같은 수준에 이른다. 여성의 유방암 발병률은 지난 40년 동안 세 배로 증가했으며, 유방암의 5~10퍼센트만이 유전적 소인에 의한 것으로 여겨진다.

특정 암을 고압선, 강물의 폴리염화비페닐(PCB), 휴대폰과 같은 특정 환경적 원인과 연관 짓는 연구는 더디게 진행되고 있다. 담배 연기만큼 면밀히 연구되거나 확실하게 확인된 암 촉매제는 찾기 힘들다. 반면, 환경으로 유발되었다는 것을 명확히 추적할 수 있는 질병도 있다. 참치나 황새치 같은 대형 포식성

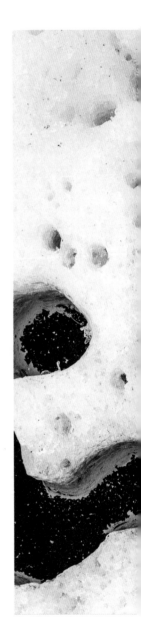

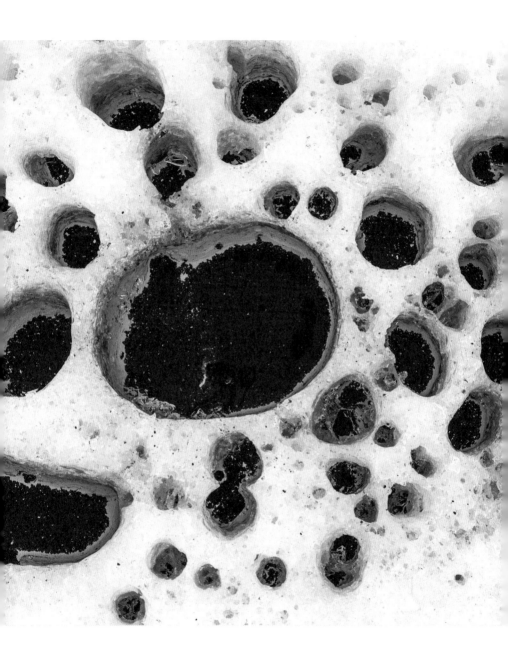

어류를 너무 많이 먹었을 때 수은 중독이 발생한다는 것은 이미 널리 알려져 있다.

하수와 비료의 유출을 통해 상수도에는 질소와 인이 눈에 띄게 증가했다. 이런 과도한 영양소로 조류가 물 표면을 덮으면서 물에 용해된 산소가 고갈되고 물고기가 죽는다. 아시아, 유럽, 북미 호수의 절반이 이런 부영양화 문제를 겪고 있으며 멕시코만의 대부분도 마찬가지다.

'우리는 자연을 변화시킴으로써 자연을 해친다.'

대기 중 이산화탄소 농도는 현재 400만 년 만에 최고 수준에 도달했으며 계속 증가세에 있다. 이로써 더운 공기는 더 뜨거워지고, 차가운 공기는 더 차가워져 폭풍의 위력이 커지고 있다. 북극의 겨울철 얼음은 30년 동안 매 10년마다 9퍼센트씩 감소했으며, 지난 10년 동안에는 13퍼센트 감소했다. 겨울철 바다로 빠져나가는 남극 서부의 빙붕도 점점 늘어나고 있다.

←
2014년, 실험적으로 댐에 막힌 물의 흐름을 되살리자 콜로라도강이 수십 년 만에 처음으로 코르테즈해로 흘러들어 가면서 휴면 습지가 되살아났다. 사진: 피터 맥브라이드

'우리는 자연에게 되갚을 수 없는 것을 빌리고 있다.'

1960년 인류는 재생 가능한 용량의 약 절반에 해당하는 자원을 소비했다. 1987년에는 재생 가능한 범위를 넘어섰고, 그로부터 25년 후에는 행성 1개 반이 있어야 재생할 수 있는 수준으로 자원을 사용하게 되었다. 이제 우리는 지구 재생력의 1.75배에 해당하는 자원을 사용하고 있다. 또한 이런 소비 패턴은 한쪽으로 치우쳐 있다. 인구에 비례해 유럽은 재생 능력의 3배에 해당하는 자원을 소비하며, 북미는 7배에 해당하는 자원을 소비한다. 한편, 인구가 많은 국가인 중국과 인도 역시 자원의 소비가 두드러지는 중산층이 크게 성장하고 있다.

영국의 수학자이자 철학자 알프레드 화이트헤드는 우리가 자연의 '창조적 진보'에서 경험하는 '끊임없는 새로움'을 묘사했다. 그러나 자연은 우리가 고려하는 것보다 훨씬 느린 속도로, 그리고 우리가 쉽게 인식할 수 없는 더 복잡한 방식으로 변화를 만든다. 그 결과, 우리는 현재 지구의 여섯 번째 멸종 위기(다섯 번째는 공룡)에 처해 있다. 2009년 《네이처》에 실린 기사에서 지구과학자 요한 록스트룀은 9가지 지구 시스템 프로세스와 관련 임계값을 밝히고, 이 임계값을 넘을 경우 수용할 수 없는 환경 변화가 일어날 수 있다고 경고했다. 생물 다양성은 인간이 가장 많이 넘어선 '지구의 한계'다.

멸종 위기의 임계값은 주어진 환경에 존재하는 100만 종 생물당 연간 10종이 사라지는 것이다. 현재의 멸종 속도는 연간 100만 종당 100종으로 정상 속도의 1,000배(오타 아님)에 달한다. 가장 취약한 상태에 있는 생물은 양서류의 30퍼센트와 북극곰, 코뿔소, 호랑이, 기린, 고릴라를 포함한 포유류의 21퍼센트다. 한편 조류종의 12퍼센트가 멸종 위협을 받고 있으며, 화초의 73퍼센트, 산호의 27퍼센트, 균류와 원생생물의 50퍼센트도 마찬가지의 상태다.

실리콘밸리의 억만장자들 중 한 명을 설득해 그들과 함께 화성에서 새로운 삶을 살 수 있다면 이런 것들은 문제가 되지 않을 것이다. 지구에 남아 있더라도 녹아내리는 부빙 때문에 북극곰이 사라지거나 아프리카의 늪지에서 코뿔소가 사라졌다는 사실에 모두가 고통을 받지는 않을 것이다. 하지만 생물 다양성은 그 자체로도 중요하지만, 생물학적·경제적 측면에서 인류의 생존을 위한 핵심 요소이기도 하다. 전 세계의 총 경제 생산량을 측정하는 수단(심하게 왜곡되어 있지만)인 세계 총생산(GDP)의 절반 이상이 '생태계 서비스'를 제공하는 자연의 역량에 의존한다. 비가 오지 않으면 풀은 자라지 않는다. 벌이 번식하지 못하면 수분을 하지 못해 식물도 번식하지 못한다. 농지에서 흘러나오는 화학물질로 인해 산소가 부족해진 물에서는 물고기가 살 수 없다.

물론 물이 전혀 없다면 물고기는 살 수 없다. 1960년 이래 호수와 강에서 물이 빠져나가는 양은 두 배로 증가했다. 많은 인구가 의존하는 지구의 주요 강이 바다까지 도달하지 못하면서 부영양화가 진행되고 사멸되는 연안 지역이 확대되고 있다. 댐으로 막힌 콜로라도 강물은 캘리포니아만으로 거의 흘러들어 가지 않으며, 과거 삼각주이던 지역은 독성 물질이 가득한 늪이 되었다. 머지않아 중국의 주요 강이 1년 내내 바다까지 흘러가지 못하는 상태가 되면 습지와 습지에 의존하는 새나 물고기는 황폐화될 것이다.

전 세계적으로 습지가 매년 줄어들거나 사라지고 있으며, 산호초와 맹그로브, 주요 어장도 마찬가지 형편이다. 열대우림의 손실은 가난한 국가와 그리 가난하지 않은 브라질에서도 계속되고 있다. 순환 없이 같은 작물을 재배하는 관행이 계속되면서 미국 중서부 지역에서는 매년 1인치씩 표토가 손실되고 있다. 2밀리미터의 표토가 자연적으로 형성되는 데는 500년이 걸린다.

인간의 무분별한 개발로 인한 결과는 가난하거나 인구가 많은 나라에서 더 심각하다. 자원의 감소는 식량과 물 부족, 부적절한 위생이라는 오래 지속된 과제를 더욱 악화시켰다.

간단히 말해 세계가 사막으로 변하고 있는 것이다. 인간이 만든, 그러나 인간이 통제할 수 없는 세계화라는 과정은 생명이 모래로 변해가는 현재의 속도에 큰 영향을 미쳤다. 세계화는 엄청난 속도로 인간이 필요로 하는 자원을 찾아내 채취하지만, 그 여파로 생긴 황폐화를 복구하는 속도는 한없이 느리다. 빠르지만 어리석고 잔인하며 부정확하다. 세계화는 나무 한 그루를 얻기 위해 숲 전체를 없애는 것과 같다. 부유한 나라일수록 낭비도 많다.

숲이 잘려 나가는 데 대해 사람들이 내는 반대의 목소리는 벌목을 주도하는 회사가 지역사회에 속해 있을 때나 들린다. 지역의 정치계가 먼 곳에 있는 경제 권력에 종속되면 시민권과 시민의 의무와 가능성이라는 개념은 의미를 잃는다. 인간의 공유지는 그 가치를 잃고 사막이 된다.

민주주의는 생태적 건전성의 조건인 경우가 많다. 2022년 환경성과지수(Environmental Performance Index, EPI) 상위 10개국은 덴마크, 영국, 핀란드, 몰타, 스웨덴, 룩셈부르크, 슬로베니아, 오스트리아, 스위스, 아이슬란드였다. 이들은 대부분 인구가 적은 국가들이지만, 네덜란드, 독일, 프랑스, 노르웨이 등 다른 유럽 국가들도 자주 20위권에 이름을 올리고 있다. 독재국가는 찾아볼 수 없다. 행동할 힘이 없는 국민들은 지구를 구하거나 지구의 자체적인 치유 능력을 지켜줄 수 없다.

그러나 지난 10년 동안 자본주의, 공산주의, 민주주의, 독재국가 할 것 없이 세계는 사막의 확산을 막고 생태계의 건전성을 회복하기 위해 필요한 일에 대해 중요한 방식으로 뜻을 같이했다. 2015년, 180개 이상의 국가가 파리 기후협약에 서명함으로써 2050년까지 탄소중립의 세계에 이르기 위한 '과학기반 탄소감축목표 이니셔티브(Science Based Targets Initiative, SBTi)'가 출범했다. 이후 미국이 기후협약 탈퇴를 통보했지만 다행히 이를 철회하고 재가입했다.

또한 2015년에는 전 세계 국가들이 2050년까지 기업, 정부, 시민사회가 달성해야 할 중요한 보편적 틀과 구체적인 행동 강령을 만든 유엔의 17개 '지속가능발전목표(Sustainable Development Goals, SDGs)'에 합의했다. 지속가능발전목표는 프란치스코 교황이 회칙 「찬미받으소서: 우리 공동의 집(지구)을 돌보는 일에 대해(Laudato Si': On Care for Our Common Home)」에서 설명한 사회와 환경이라는 두 얼굴을 가진 하나의 위기를 암묵적으로 인정하고, 부유한 국가와 가난한 국가 모두에게 생태적, 사회적 건전성에 힘을 보태는 방향으로 경제를 발전시킬 것을 요구했다. 다국적 기업들은 건전한 글로벌 시민으로서 기업이 해야 할 일을 위원회에서 토론만 하는 것이 아니라 직접 실천에 나설 수 있다. 그러나 이런 실천은 모든 면에서 일정이 뒤처지고 있고, 그린워싱(greenwashing, 실제로는 친환경적이지 않지만 마치 친환경적인 것처럼 홍보하는 위장환경주의-옮긴이)이 만연하며, 그레타 툰베리가 "어쩌고저쩌고(blah, blah, blah, 실질적인 조치는 없이 환경문제에 대한 토론에만 열을 올리는 사람들을 비난하기 위해 사용한 문구-옮긴이)"라고 지적한 일들이 수없이 일어나고 있다.

하지만 너덜너덜한 상태로나마 이 협정은 아직 유효하다. 재생에너지로 산업체(와 가정)에 전력을 공급하는 데에는 더 이상 경제적인 문제가 없다. 10년간 가격이 90퍼센트나 하락했기 때문이다. 자동차 등의 교통수단, 축산업, 시멘트, 비료 등이 탄소 배출의 주범이라는 사실도 명확하게 드러나 있다.

비즈니스맨과 정치인들은 경제적 동기나 기타 이기적 동기로 경제의 친환경화를 위해 애써왔다. 친환경화는 특정 부문에서 경제 활동을 둔화시키는 것을 의미한다. COVID-19 팬데믹 초기에 경제활동의 감소가 온실가스 배출을 비롯한 오염의 빠른 감소로 이어졌다는 사실을 부인할 사람은 없을 것이다. 동식물의 세계는 빠르게 활기를 되찾았고 번성할 조짐을 보였다. 우리는 자연이 회복을 원하며, 우리의 행동 변화가 정말 중요하다는 것을 목격했다.

2021년, 바이든 행정부는 2030년까지 전 세계 해양·육지·담수의 30퍼센트를 보전하자는 '30×30'이라는 세계적 이니셔티브를 채택했다. 사회생물학의 창시자 에드워드 오스본 윌슨은 거기에서 더 나아가 2050년까지 지구의 육지와 해양 50퍼센트를 보존하자는 '지구의 절반(Half-Earth)' 접근법을 요구했다. 우리는 이를 적극 지지한다. 2022년 기준으로 지구의 육지 17퍼센트, 해양 8퍼센트만이 보호 상태에 있다.

우리 모두는 생물 다양성이라는 거대한 생명의 거미줄에 의존하고 있다. 인류가 더 적은 자동차, 소, 전기로 살아가고, 경제를 전기로 움직이고, 기후 변화에 대처하면서 살 수 있는 방법을 찾고도, 여전히 인간이 아닌 다른 생명체의 사정에는 주의를 기울이지 않아 결국 스스로 멸종을 맞는다면 정말 아이러니한 일이 아닐까?

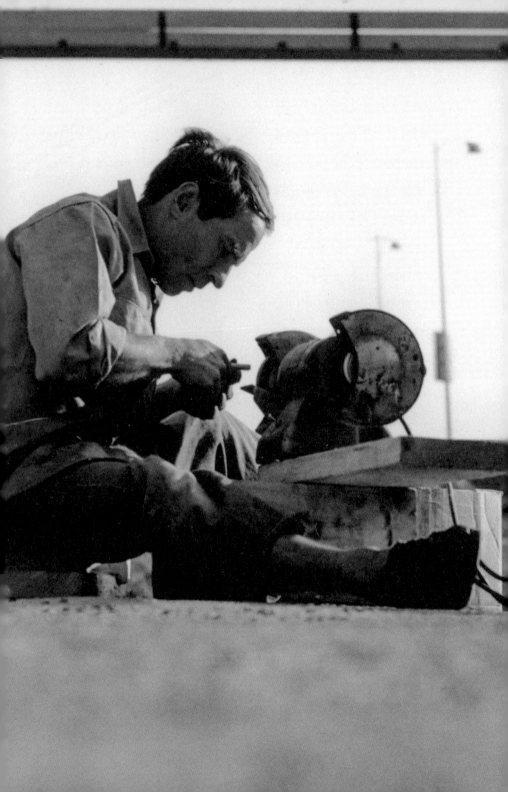

2
의미 있는 일

누구나 의미 있는 일을 하고 싶어 한다. 그런데 정확히 어떤 것이 일을 의미 있게 만들까? 그리고 의미 있는 일과 책임경영 기업은 어떤 관련이 있을까?

의미 있는 일을 직업으로 한다는 것의 핵심은 자신이 좋아하고 잘할 수 있는 일로 생계를 꾸리는 것이다. 처음부터 자신이 가장 좋아하는 것이 무엇인지 아는 사람은 많지 않다. 가장 잘하는 것은 무수한 시도와 실수 또는 우연을 통해 개발된다.

누구나 잘하는 것이 있다. 글을 잘 쓰는 사람도 있고 숫자에 밝은 사람도 있으며, 손으로 하는 일을 잘하는 사람도 있고 밖에 나가서 일하는 것을 잘하는 사람도 있다.

←

1970년 어느 포근한 날, 벤투라(캘리포니아 서쪽 해안에 있는 작은 도시로 파타고니아 본사가 있는 곳)에 있는 쉬나드 이큅먼트 마당에서 그라인더를 돌리고 있는 이본 쉬나드. 사진: 톰 프로스트 이본은 책상에 앉아 컴퓨터 화면을 들여다보는 것보다는 살구를 따거나 정원에서 일하며 하루를 보내는 것을 더 좋아한다. 대장간에서 온종일을 보내며 피톤(piton, 바위틈에 두드려 박는 금속 못 형태의 확보 장비)을 두드려 본 사람이라면 알겠지만, 반복적인 작업이 꼭 지루한 것만은 아니다. 이런 일은 깨달음을 준다. 『안나 카레니나』에서 귀족인 레빈이 농부들과 함께 밀을 베는 장면에서처럼 즐거움을 느낄 수도 있다. 그는 몸의 리듬에 푹 빠지는 법을 배우기 전까지 그들을 따라잡을 수 없었다. 반면 이 책의 저자 중 한 명인 빈센트는 한때 생계를 위해 음산한 10월에 밖에 나가 포도를 따고 정원을 가꿔야 했는데 그 일을 즐기지는 못했다. 또한 펜과 종이를 더 선호하긴 하지만 컴퓨터를 싫어하지 않는다.

책임경영 기업은 다양한 사람들이 자신이 좋아하는 일을 다른 사람들과 협력하면서 할 때에만 매끄럽게 운영된다. 우리는 파타고니아에서 자신이 좋아하는 일을 하는 것뿐만 아니라 옳은 일을 다른 사람들과 함께 하는 것이야말로 일을 의미 있게 만든다는 것을 깨달았다.

이 책은 파타고니아의 역사를 이야기하는 책은 아니다. 하지만 이 장에서 만큼은 우리의 경험을 바탕으로 회사의 책임경영이 직원의 일을 의미 있게 만드는 데 어떤 도움을 주는지, 책임경영이 누적되면 회사가 얼마나 더 스마트하고 민첩해지며 성공의 가능성이 커지는지를 보여 주고자 한다.

초창기의 쉬나드 이큅먼트와 파타고니아는 비주류인 사람들을 끌어들였다. 등산, 서핑, 이리저리 떠돌아다니는 사람들이 벤투라로 와 몇 달씩 일을 하다 가곤 했다. 물리학이나 생물학 학위가 있지만 이런저런 이유로 학계의 분위기에 적응할 수 없었거나 적응할 마음이 없어 진로를 바꾼 사람들도 있었다. 그들은 20세기의 예술가들에게 파리와 맨해튼이 그랬듯이, 다른 아웃사이더들로 가득 찬 파타고니아를 자신이 있어야 할 곳이라고 생각했다.

크리스 톰킨스의 고등학교 진학 상담 교사는 그녀의 어머니에게 딸을 대학에 보내는 데 돈을 낭비하지 말라고 조언했다. 의욕이 없고 학교생활에 무관심한 학생이었던 크리스는 서른 살의 나이에 파타고니아의 초창기, 매우 중요한 시기에 CEO가 되었다. (크리스는 훗날 남편 더그 톰킨스와 함께 칠레와 아르헨티나의 황폐화된 목장과 주변 야생지대 200만 에이커 이상을 지키고 복원하는 일에 헌신했다.) 파타고니아의 초기 멤버들은 현실 세계라고 여기는 곳에서 보상을 찾는, 성취욕이 강한 사람들과는 거리가 멀었다. 그 대신 우리는 크리스처럼 소명 의식에 무관심했거나, 소명을 찾다가 포기했거나, 생계를 유지할 수 없는 소명을 좇는, 불안하고 인습에 얽매이지 않는 사람들을 끌어들였다.

파타고니아의 많은 직원들은 그들이 무슨 일을 해낼 수 있을지 아무도 몰랐던 작고 별난 회사에서 일하다가 소명을 발견했고, 동료들의 도움으로 자신이 할 수 있다고 생각지도 못했던 일들을 하게 되었다. 겉으로 보기에는 따분할 것 같은 의류 회사가 틀에 얽매이지 않고 기존 체제에 저항하는 동료들의 지성과 상상력, 사회적 필요를 충족시켜 주는 직장이 된 것이다.

오늘날 파타고니아는 일찍이 자신의 소명을 발견하고 거기에 응답한 많은 사람들을 고용하고 있다. 어릴 때부터 색채에 끌렸던 사람, 열 살 때부터 직접 디자인한 옷을 재봉하기 시작한 사람, 섬유화학으로 대학원 학위를 취득한 사람들이 있다. 비즈니스 자체를 정말 좋아하는 MBA 출신도 있고, 인생을 제대로 살기 위해 학위를 취득한 사람도 있다. (단, 우리 회사에서는 오로지 자신만을 위해 독립적으로 일하고 싶어 하는 기업가 유형은 찾아보기 힘들다.)

파타고니아에는 벤투라 지역에서 성장하고, 그곳을 고향으로 여겨 떠나려 하지 않으며 우리를 그 지역에서 가장 흥미로운 회사라고 생각하는 직원들이 있다. 사실 파타고니아는 벤투라에서 여성들이 일하기에 가장 좋은 곳이다. 물론 가족들이 다른 곳에 정착해 있어서 벤투라까지 통근하는 직원들도 있다. 다른 회사들도 마찬가지였겠지만, COVID-19 팬데믹 기간 동안 회사 건물과 사무실은 버려진 것 같았다. 2년 동안 모든 것들이 문을 닫기 전날 밤 상태 그대로 남아 있었다. 많은 직원들이 도시를 떠나 산과 가까운 곳이

⟶
쉬나드 이큅먼트가 의류 사업에 진출하면서 새로운 재미가 생겼다. 1972년, 홀리오 바렐라, 할 스트래튼, 게리 케네디가 벤투라에 있는 첫 소매점 앞에서 광고 촬영을 시도하고 있다. 사진: 쉬나드 컬렉션

부상당한 붉은 꼬리 매가 당시 샘플 제작소의 매니저였던 킴 스트라우드를 지켜보고 있다. 킴과 말린 다 쉬나드, 웨인 스캔키는 파타고니아에서 맹금 재활 시설을 출범시켰다. 오하이 맹금 센터(Ojai Raptor Center)는 여전히 킴의 주도로 운영되고 있다. 사진: 팀 데이비스

나 재택근무를 하는 동안 아이들을 돌봐줄 수 있는 부모님댁 근처로 갔다.

많은 사람들이 파타고니아에서 일하고 싶어 하는 이유는 우리의 가치관이 자신들의 가치관을 반영하기 때문이다. 이런 깊은 동조와 지지는 힘든 상황에서도 평정심을 유지하고 기민한 판단을 내릴 수 있는 원동력이 된다. 기존 원단에서 독성 염료가 발견되어 새로운 원단 공급처를 찾아야 할 때, 공기 정화를 위해 엄청난 액수의 돈을 투자해야 한다고 생산 공장과 협상할 때, 파타고니아의 새 물류 센터가 들어설 입지는 자연 들판이 아니어야 한다고 부동산 업자를 설득해야 할 때 등등. 옳은 일을 하는 것은 그렇지 않다면 포기했을 법한 지점을 넘어서도록 동기를 부여한다. 의미 있는 일이란 우리가 좋아하는 일을 하는 데에서 그치지 않고 세상에 돌려주는 데까지 나아가는 일이다. 이 두 가지의 조합은 평범한 사람들이 성취하고자 하는 탁월함의 토대가 된다.

내외부의 환경에 민감하게 대응하는 책임경영 기업이 되려면 이런 평범한 개인의 탁월성을 키워야 한다. 직원들이 이전에는 불가능하다고 여겨지던 새로운 일을 해낼 때마다 회사의 문화는 강화되

고 앞으로 더 많은 일이 가능해질 것이라는 인식이 높아진다. 파타고니아에서 가능성에 대한 인식이 바뀐 결정적 순간들을 떠올려 보면, 우리도 알지 못하는 사이에(우리는 그저 먹고 살기 위해 옷을 팔려 했을 뿐이다) 더 책임감 있게, 더 의욕적으로 일했을 때였다.

다음은 우리에게 책임 의식을 일깨워 주고 책임감 있게 행동할 수 있는 역량을 키워 준 몇몇 순간과 사람들에 대한 이야기다. 이런 순간들이 모여 서로의 토대가 되었다는 것을 보여 주고 싶다. 우리는 사업을 하는 사람들이 환경과 사회에 대한 책임을 깨달은 뒤 그 깨달음을 어떻게 행동으로 옮길 수 있는지, 그리고 어떻게 그런 기업 문화를 꾸준히 유지하며 진화해 나갈 수 있는지 그 방법을 보여 주고자 한다. 하나의 행동은 그 이전의 행동을 기반으로 한다.

우선 배경 이야기를 해 보자. 애초에 파타고니아를 만든 것은 위험을 감수하고 환경이라는 한 가지 목표에 집착하고 매진하는 회사를 만들기 위해서가 아니라 쉽게 수익을 올리기 위해서였다. 이본이 세운 쉬나드 이큅먼트는 세계 최고로 인정받는 좋은 등반 장비를 만들었지만 돈은 거의 벌지 못했다. 그래서 파타고니아는 하루 10시간 동안 석탄이 타는 대장간에서 땀을 흘려가며 망치로 피톤을 두들기거나 압출 성형한 알루미늄을 잘라 초크(chock, 바위 틈새에 끼워 넣는 금속 쐐기-옮긴이)를 만드는 일과는 다른 깨끗하고 쉬운 일, 즉 사무직원의 일을 하는 회사를 목표로 했다. 의류 사업에는 상각해야 하는 값비싼 금형이 필요치 않고, 넝마주이처럼 보이는 소

1975년, 로저 맥디비트 이사와 경리 부장 신디 니콜스가 새로운 폴리프로필렌 속옷 모델로 나섰다. 사진:
파타고니아 아카이브

수의 암벽 등반가들보다 훨씬 더 광범위한 고객이 있다고 생각한 것이다. 하지만 목화가 석탄 못지않게 추악할 수 있다는 것을 누가 알았으랴?

오래 지나지 않아 우리는 옷을 디자인하고, 만들고, 판매하는 '진짜' 일에 집중하면서 사업가로서 짊어져야 할 책임에 서서히 눈을 뜨게 되었다. 처음부터 책임경영 기업이 되겠다고 시작한 것은 아니었지만, 시간이 흐르면서 우리가 지구에 해를 끼치고 있다는 것을 발견했고 그 후부터 도덕적, 윤리적인 방향으로 일을 하게 되었다.

뒤에 우리는 무해한 천연섬유라고 생각했던 면화가 독성이 강한 가장 불량한 섬유임을 발견한 것을 비롯해, 우리에게 중요한 가르침을 주었던 통렬한 인식의 순간들을 살펴보며 한 걸음이 어떻게 다음 걸음(보통 더 복잡한)을 가능하게 했는지 이야기할 것이다.

우리는 쉬나드 이큅먼트를 통해 생사를 가르는 제품의 품질 기준에 익숙해져 있었다. 아이스 액스는 미세한 실금과 같은 결함도 허용하지 않는 면밀한 검증을 거친 후에야 판매되었다. 럭비 셔츠에도 같은 기준을 적용했지만(암벽 등반과 같이 피부가 찢어질 수 있는 스포츠를 견디려면 두껍고 질겨야 했다), 우리는 솔기가 뜯어졌다고 사람이 죽을 가능성은 없다는 것을 알고 있었다. 파타고니아는 쉽게 버는 돈, 편안한 삶, 등반 사업을 흑자로 유지하는 데 충분한 수익을 가져다 줄 '책임이 필요치 않은' 회사라는 것이 처음 우리의 생각이었다.

우리는 우리가 좀 별난 회사라고 생각했었다. 파타고니아는 자연을 사랑하고 자연 안에 있기를 바라고 그 일부라는 느낌을 간절히 원하는 소수의 암벽 등반가와 서퍼들로부터 시작되었다. 30년 전만 해도 우리는 비행기에서 '정장'을 입은 옆자리 사업가에게 할 말이 많다고 생각지 않았다. 하지만 이제 비행기에 탄 사업가들은 정장보다는 파타고니아를 입고 있을 가능성이 높고, 우리는 디자인부터 재고 관리, 자재 부족이 재무제표에 미치는 영향에 이르기까지 여러 가지 주제로 그들과 논의할 수 있다.

이제 우리는 파타고니아가 이윤에 있어서만 예외적이라는 것을 알고 있다. 생쥐와 인간의 유전자가 99퍼센트 일치하듯이 아마존, 엑슨모빌, 트위터, 파타고니아의 유전자도 99퍼센트 일치한다. 하지만 지난 반세기 동안 이 1퍼센트의 차이에 큰 의미가 있었고 다음 50년 동안 그 의미는 더 커질 것이다. 등반가이자 서퍼인 우리는 자연과 직접적인 관계를 맺고 있기 때문에 다른 사람들보다 먼저 환경 위기를 인식할 수 있었다. 또한 파타고니아는 비상장 기업이었기 때문에 환경 위기에 맞서 싸우기 위해 더 큰 위험을 감수할 수 있었다. 우리가 성공하면 관습에 얽매인 다른 기업들도 그 뒤를 따를 것이다.

미국, 유럽, 일본의 도시와 교외에 사는 사람들은 지난 50년 동안 지역의 공기와 물의 질이 나아지는 경험을 했지만, 야생에 뛰어든 사람들은 다른 것들을 보았다. 등반가들은 빙하가 녹는 것을, 낚시꾼들은 야생 어류의 수와 크기가 줄어들고 농업 용수 유출로 인해 물속의 산소 농도를 떨어뜨리는 녹조류가 증가하는 것을, 서퍼와 스킨다이버들은 맹그로브와 산호, 조수 웅덩이의 생물들이 사라지며 해안의 서식지가 위축되는 것을 목격했다.

다른 사람들도 알아차렸다. 과학자들은 생물종이 멸종하는 속도와 반감기가 그 어떤 문명보다 긴 화학물질이 물과 대기에 미치는 누적된 영향을 발견했다. 도시 계획가들은 수천 년 동안 물을 저장해 온 지하 대수층이 말라가는 것을 보았다. 거대 저인망 어선들과 경쟁하는 어부들은 먹고살기 위해 더 먼 바다로 나가야 했다. 농부들은 자신과 조상들이 땅에 대해 알게 된 모든 것에 도전하는 기후 온난화와 얇아지는 표토(매년 값비싼 화학 비료와 살충제를 뿌린 결과)에 적응하기 위해 고군분투하고 있다.

야생에 대한 경험과 사랑은 파타고니아와 엑슨모빌의 작지만 중요한 차이를 정의한다. 도로를 벗어나 산이나 숲으로 들어가거나 해안에서 노를 저으며 바람과 파도의 힘을 마주하면 무언가가 변한다. 인간의 시스템이 우리를 보호하지 못하는 원초적인 세계는 우리를 겸손하게 만드는 동시에 더욱 독립적으로 만든다. 우리는 우리 너머의 야생은 물론 우리 안의 야생을 인식하게 된다.

야생에서의 경험은 야생과 우리가 살고 있는 마을과 도시 사이의 중요한 연결 고리를 이해하는 데 도움을 주었다. 우리는 자연의 건전성이 우리 사회와 산업 시스템의 건전성을 단단히 뒷받침한다는 것을 명확히 알게 되었다.

1등 상품을 버리다

1972년, 쉬나드 이큅먼트는 여전히 연 매출 40만 달러에 불과한 작은 회사였지만 미국 최대의 등반 장비 공급업체가 되었다. 그런데 등반의 인기가 높아지고 요세미티 계곡, 엘도라도 협곡, 샤완겅크 능선 등 잘 알려진 등반 루트에 사람들이 몰리면서 재사용이 가능한 우리의 강철 피톤은 환경 파괴의 원흉이 되었다.

피톤을 설치하거나 제거할 때 같은 틈새에 계속 망치질을 해서 암벽의 손상이 심해졌기 때문이다. 몇 해 전까지만 해도 자연 그대로였던 엘 캐피탄의 노즈 루트(등반으로 올라가는 암벽 위의 길)가 손상된 것을 본 이본과 동업자 톰 프로스트는 피톤 사업을 단계적으로 폐지하기로 결정했다.

피톤이 사업의 중심이었기 때문에 그것은 큰 모험이었다. 하지만 도덕적인 면에서나 실용적인 면에서 반드시 변화가 필요했다. 아름다운 루트들을 망쳐서는 안 됐고, 루트들을 망치면 결국 가장 인기가 높은 지역의 등반이 불가능해지거나 크게 줄면서 사업에도 피해가 생기게 되기 때문이다.

다행히 대안이 있었다. 망치를 사용하지 않고도 손으로 끼우고 뺄 수 있는 알루미늄 초크였다. 1972년 카탈로그에 헥센트릭(Hexentric)과 스토퍼(Stopper)가 처음 등장했다.

이 카탈로그는 피톤의 환경에 대한 해악을 다루는 회사 소유주들의 사설로 시작되었다. 시에라 클럽의 일원인 등반가 더그 로빈슨

이 초크 사용법에 대해 쓴 14페이지 분량의 에세이는 다음과 같은 강력한 문장으로 시작된다.

"초크를 표현하는 단어가 있다. '클린(Clean)'이라는 단어다. 확보 장비로 너트와 러너만을 사용하는 등반을 클린 클라이밍이라고 한다. 지나가는 등반가가 바위를 변형시키지 않기 때문에 클린이다. 암벽에 아무것도 박아 넣지 않고 다시 빼내지도 않아 다음 등반가가 부자연스러운 상태를 경험하지 않으므로 클린이다. 등반가의 확보 장비가 등반 흔적을 거의 남기지 않기 때문에 클린이다. 암벽에 변화를 주지 않는 등반, 자연의 일부로서 친환경 등반에 한 발 가까워지는 등반이 클린 클라이밍이다."

카탈로그가 발송되고 몇 개월 만에 피톤 사업이 축소되었고, 초크는 우리가 만들 수 있는 속도보다 더 빨리 팔려 나갔다. 쉬나드 이큅먼트의 양철 창고에서 끊임없이 들리던 드롭 해머의 리듬은 여러 대의 드릴 지그가 내는 고음으로 바뀌었다.

우리는 고객에게 문제를 인식시키고 해법을 제시하는 것만으로도 그들이 유발하는 피해를 줄일 수 있다는 것을 알게 되었다. 또한 문제를 해결함으로써 더 나은 제품을 만들게 된다는 사실도 배웠다. 초크는 피톤보다 가벼우면서 안전성도 피톤 그 이상이었다. 단지 새로운 제품을 판매하기 위해서였다면 피톤 사업이 쇠퇴하는 위험을 감수하지는 않았을 것이다. 하지만 옳은 일이 우리에게 동기를 부여했고, 결국은 좋은 사업으로 이어졌다.

벤투라강의 구원자들

알피니스트를 위한 쉬나드 이큅먼트 초크를 만들기 시작했을 무렵 프랑스에서 이탈리아로 가는 기차를 탔다면, 같은 칸의 이탈리아 사람들이 기차가 국경을 넘어 이탈리아로 들어갈 때까지 도시락 포장지, 구겨진 담뱃갑, 와인 병을 거리낌 없이 창밖으로 던지는 모습을 보았을 것이다. 하지만 이탈리아에 들어서면 그들은 쓰레기를 깔끔하게 휴지통에 넣었다. 자기 나라에는 쓰레기를 버리지 않는 것이다.

그런데 쉬나드 이큅먼트는 정반대였다. 우리는 산에는 지대한 관심을 가졌지만 고물상, 유해 폐기물, 죽은 강들이 많은 보잘것없는 석유 산출지이자 레몬을 포장하는 독특한 마을인 벤투라에는 관심을 두지 않았다. 그때까지만 해도 우리에게 자연은 차를 몰고 찾아가는 곳이었다.

우리는 1960년대와 70년대에 여행을 하면서 세계 곳곳에서 벌어지는 일을 목격했다. 서서히 진행되는 오염과 삼림 벌채, 결코 느리지 않은 속도로 사라지는 물고기와 야생동물들을 보았다. 그리고 가까운 곳에서 벌어지고 있는 일들도 목격했다. 수천 년 된 세쿼이아가 LA의 스모그에 무릎을 꿇고, 조수 웅덩이와 수중 갈조류 생태계의 생물이 줄어들고, 해안을 따라 토지가 걷잡을 수 없이 개발되는 것을 보았다. 하지만 정작 우리들의 집에서 무슨 일이 일어나고 있는지는 보지 못했다.

1980년대에 들어서면서 우리는 지구 온난화, 열대림의 나무를 베고 태우는 관행, 지하수와 표토의 급격한 소실, 산성비, 댐으로 강과 개울에 쌓이는 토사에 대한 글들을 읽기 시작했다. 우리가 읽은 환경 파괴에 대한 설명은 우리가 여행 중에 직접 눈과 코로 경험했던 것들이었다. 환경에 대한 많은 정보들을 접하며, 우리는 땅과 물을 지키기 위한 헌신적인 소수의 힘겨운 투쟁이 의미 있는 결과를 낼 수 있다는 것을 점차 깨닫게 되었다.

그 무렵 우리 친구들 몇몇은 캘리포니아 스트리트 서핑 포인트(벤투라강과 바다가 만나는 하구 지역. 파타고니아 본사 바로 앞에 있음)를 보호하기 위한 시의회 공청회에 참석했다. 우리는 벤투라강이 한때 무지개송어의 주요 서식지였다는 것을 어렴풋이 알고 있었다. 그러나 40년대에 두 개의 댐이 건설되고 물의 방향이 바뀌었다. 겨울에 내리는 비 외에 강 하구로 들어오는 물은 하수처리장에서 흘러나오는 물뿐이었다. 공청회에서 소위 전문가라는 몇 명의 사람들이 강이 이미 죽었고, 강 하구의 물길을 바꿔도 남아 있는 조류와 야생동물,

서핑 포인트에는 전혀 영향을 주지 못할 것이라고 증언했다.

　그러자 수줍음이 많아 보이는 스물다섯 살의 생물학도 마크 카펠리가 강변에서 자신이 찍은 사진을 슬라이드로 보여 줬다. 버드나무에 살고 있는 새들, 사향쥐와 물뱀, 강 하구에서 산란하는 뱀장어의 사진이었다. 그가 2년생 무지개송어의 슬라이드를 보여 주자 모두 자리에서 일어나 환호했다. 그렇다, '죽었다'던 강에 50여 마리의 무지개송어가 여전히 산란을 하러 오고 있었다.

　개발 계획은 무산되었다. 파타고니아는 마크에게 책상, 전화기, 우편함을 내주고 강을 구하기 위한 그의 싸움에 도움이 되도록 약간의 기부금을 건넸다. 개발 계획들이 속출했지만 환경단체 '벤투라강의 친구들(Friends of the Ventura River)'은 이를 저지하고 물을 정화해 유량을 늘리기 위해 노력했다. 그 결과 야생동물이 늘어나고 더 많은 무지개송어가 산란을 위해 강으로 되돌아왔다.

　마크는 우리에게 세 가지 중요한 교훈을 주었다. 풀뿌리 환경운동으로 변화를 만들 수 있다는 것, 훼손된 서식지도 노력이 있으면 회복될 수 있다는 것, 자연은 멀리 떨어진 조용한 장소만이 아니란 것을 말이다.

　'자연은 저 먼 야생에도, 석유와 농업이 주를 이루는 독특한 이 마을에도 살아 있으며, 우리는 자연이 번성할 수 있는 여지를 만들 수 있다. 우리에게는 그렇게 해야 할 책임이 있다.'

아이들이 뛰노는 회사

70년대 초, 쉬나드 이큅먼트의 소유주 중 한 명인 도린 프로스트가 일을 할 때 딸 마나를 데리고 왔다. 하지만 아무도 신경을 쓰지 않았다. 쉬나드 부부에게 아들이 태어나자 말린다 역시 아들 플레처를 데리고 출근했고, 다른 직원들도 아기를 낳으면 아기를 데리고 출근했다. 컴퓨터 모니터 위에 아기 담요가 걸쳐 있고 바닥에는 딸랑이와 장난감 기차가 어지럽게 흩어져 있었다. 당연하게도 아이들은 울었다.

이 소음 때문에 사내 보육 시설에 대한 논의가 시작되었다. 보육 시설을 운영하는 회사를 거의 찾아볼 수 없던 시대였기 때문에 진보적인 조치라는 생각조차 하지 못했다. 그저 아기와 가까이에 있으면서 젖을 먹이고 필요할 때 아기를 달래 주고 싶다는 일하는 엄마들의 마음이 있었을 뿐이다.

회사의 남성 직원들과 자녀가 없는 여성 직원들은 자금과 공간이 부족한 파타고니아가 그나마 있는 자산을 '탁아소' 운영에 투자해야 한다고 생각지 않았다. 그러나 엄마들의 지지를 받은 말린다가 자신의 뜻을 꿋꿋하게 밀어붙였고 결국 승리를 거뒀다. 아이들은 회사에 남았고, 우리의 회사 생활의 질을 변화시켰다.

첫째, 아이들의 웃음소리와 마당에서 뛰어노는 모습은 회사를 좀 더 인간적인 분위기로 바꿔 놓았다. 아이들의 존재는 어른들로 하여금 인간으로서 그리고 직원으로서의 책임 의식을 갖게 했다. 네

1977년, 작업장에 있는 플레처, 말린다, 이본. 쉬나드 부부는 파타고니아의 오리지널 제품을 입고 있다. 말린다가 입은 것은 세일러 셔츠, 이본이 입은 것은 샤모니 가이드 스웨터다. 사진: 쉬나드 컬렉션

살짜리 아이 앞에서 비도덕적인 일을 하기는 힘들다. 또한 자녀가 가까이 있다는 것에서 부모는 위안을 느낀다. 양질의 보육, 출산휴 가, 육아휴직, 유연근무제는 워킹맘의 출세를 가로막는 장벽의 일 부를 없앴다. 예를 들어, 출산한 지 얼마 되지 않아 젖을 물려야 하

는 엄마가 업무상 출장을 가야 하는 경우 회사 비용으로 사내 보육센터의 보육사가 동행한다. 우리의 보육 프로그램은 예상치 못한 방식으로 가족의 발전을 도왔다. 웻수트 수리 전문가인 헥터 카스트로는 아내가 학교에 가 있는 동안 딸을 데리고 회사로 출근했다. 그는 이렇게 말한다. "육아 문제 때문에 금전적으로 쪼들렸다면 이런 도전과 도약도 없었을 겁니다."

1983년에 공식적으로 시작된 파타고니아의 보육 서비스를 받은 어린이들은 훌륭한 성인으로 성장했다. 우리는 우리가 생산하는 옷만큼이나 그들을 자랑스럽게 여긴다.

사내에 보육 시설을 마련한 것은 사업적으로도 좋은 결정이었다. 직원들의 이직률이 매우 낮았고, 학령기 자녀를 둔 부모들의 경우 특히 더 그랬다. 보육 서비스 도입은 직원들이 필요로 하고 좋아하는 직장의 특징이 있다면 그것을 반드시 지켜야 한다는 것을 우리에게 가르쳐 주었다.

벤투라 본사와 리노에 있는 물류센터에서는 보육료를 받긴 하지만 회사는 그 이상으로 보육 프로그램에 많은 보조금을 지급한다. 사용하는 지표에 따라 달라지기는 하지만, 수치를 통해 보육 프로그램이 오히려 수익에 기여한다는 것을 알 수 있다. 보조금은 세금 공제 혜택, 이직률 감소, 직원 참여도 증가 효과로 절감되기 때문이다.

우리는 미국 최초로 직장 내 보육 서비스를 제공한 회사들 중 하나가 되면서 변화를 따르는 것이 아닌 주도하는 길을 걷게 되었다.

상자 안에서 생각하기. 파타고니아의 보육 센터. 사진: 카일 스파크스

유연근무제나 직무 공유제(Job Sharing, 한 명의 근로자가 담당하는 일을 둘 이상의 근로자가 나누어 수행하는 근로 형태-옮긴이)와 같이 대부분의 기업들이 피하는 근무 환경 개선 조치도 보다 편안하게 받아들이기 시작했다.

지구세

마크 카펠리가 황폐화된 지역을 위해 무엇을 할 수 있는지 알려준 후, 우리는 전국의 소중한 땅과 물줄기를 구하고 복원할 길이 있다는 것을 알게 되었다. 열정은 크되 돈은 없는 많은 소규모 집단들이 그들이 아끼는 곳을 위한 일을 시작했다.

우편함과 약간의 돈이 마크에게 도움이 될 수 있었던 것처럼, 서식지를 보호하거나 복원하려는 다른 사람들에게도 작은 보조금이 큰 도움이 될 수 있다.

파타고니아는 이곳저곳에 1,000달러~5,000달러씩 정기적으로 기부하기 시작했다. 파타고니아는 많은 직원과 높은 간접비(상품이나 서비스와 직접 관련되지 않은 운영 경비-옮긴이), 연계된 기업이 있는 비정부기구(NGO)보다는 기업이 손대지 않는 소규모 단체를 선호했다.

1985년, 파타고니아는 이들 단체에 매년 수익의 10퍼센트를 기부하기로 약속했다. 이렇게 한 데에는 두 가지 이유가 있었다. 첫째, 도움을 주고 싶었다. 둘째, 우리의 비즈니스 활동

으로 인한 산업적 영향에 대해 지구에 세금을 내야 한다고 생각했다. 우리는 기부를 자선이 아닌 사업비로 여겼다. 1년 후, 금액을 연간 매출의 1퍼센트로 늘렸다. 우리가 하는 일은 우리가 수익을 보든 보지 못하든 지구에 영향을 미친다고 생각했기 때문에 취한 조치였다.

옐로우스톤의 유서 깊은 낚시 장비 기업 블루리본 플라이스의 창업자 크레이그 매튜스도 일찍부터 환경보호를 위해 기부를 해온 기업인이다. 크레이그는 2002년 이본과 협력해 연매출의 1퍼센트 이상을 환경을 위해 기부하는 기업 연합 '원 퍼센트 포 더 플래닛(1% for the Planet)'을 만들었다. 현재 이 단체는 60개국 5,400개 이상의 회원사를 두고 있으며 2023년 기준으로 이들이 4,000여 개 이상의 비영리단체에 기부한 액수는 4억 3,500만 달러에 이른다.

파타고니아는 2년마다 우리와 함께 일하는 협력 단체에서 선발한 참가자들을 대상으로 '풀뿌리 환경단체 활동가 역량 강화 컨퍼런스'를 개최한다. 우리는 핵심 기술(전략, 풀뿌리 단체의 조직, 로비, 기금 모금)에 대한 전문가를 초빙하고, 지역 업체와 협력하는 방법, 프레젠테이션 방법, 구글 어스 기술을 사용해 불법 행위자를 적발하는 방법에 대한 정보까지 제공한다.

파타고니아에는 환경단체에 대한 지원금 기부 문화가 깊이 뿌리 내리고 있다. 지원금 위원회에서는 동료들의 투표로 선출된 직원들이 매년 기부를 직접 지휘한다. 이들은 단체를 선정하고 지원금의 규모를 결정한다. 우리는 환경 인턴십 프로그램도 운영한다. 직원들은 자원해서 최대 6주 동안 지원금을 받는 단체에서 그들이 선택한 프로젝트에 관한 일을 할 수 있다. 2023년 한 해 동안 34명의 직원, 12개 매장, 1개 부서가 이 프로그램을 활용해 43개 단체를 위해 약 10,000시간 동안 자원봉사 활동을 했다.

고객 교육 캠페인

파타고니아는 쉬나드 이큅먼트에서 시작된 클린 클라이밍 카탈로그의 정신에 입각해, 카탈로그와 웹사이트를 통해 일반의 관심을 별로 받지 못하고 있는 환경문제에 대한 고객들의 인식을 높이는 교육 캠페인에 착수했다. 첫 번째 환경 에세이는 칠레의 마뿌체족이 벌목 입찰에 나온 숲의 소유권을 사들이는 데 도움을 주었다. 두 번째는 북부 캘리포니아의 고대 레드우드 숲 개벌을 중단시키기 위해 시위에 나선 줄리아 버터플라이 힐과 다른 트리 시터(tree sitter, 벌목을 막기 위해 나무 위에서 생활하는 전략을 사용하는 사람들-옮긴이)들의 활동을 지원했다. 대부분의 교육 캠페인은 1~3년 동안 지속되었다. 이 캠페인을 통해 우리는 물고기가 산란지에 도달하지 못하게 하는 낡은 댐을 철거해야 한다고 설명했다. 그리고 바다와 담수의 질이 악화되고 있다는 것을 알리고, 동물들이 기후 변화의 시대에 분열된 서식지 사이를 이동할 수 있으려면 야생동물 통로가 필요하다는 것을 알렸다.

거울 속의 적을 인식하다

자연의 적에 맞설 수 있다는 자신감을 얻은 후에야 우리는 오랫동안 못 본 체했던 거울 속의 적을 인식할 수 있게 되었다. 비록 우리라는 적을 온전히 다 본 것은 아니었지만 말이다.

1980년대 후반, 우리는 수백 명의 사람들로 이루어진 우리 회사가 지구를 오염시키고 자원을 낭비하는 활동에 직접적으로 관여하고 있다는 사실을 알아차렸다. 우리는 비행기를 타고 다녔고, 벌목한 나무로 카탈로그를 대량 인쇄했고, 매장을 만들기 위해 건물의 대대적인 리모델링을 실시했다. 하지만 의류 제조업체로서 우리가 유발하는 피해는 미처 인식하지 못했다. 우리는 공급망에 의존하고 있었고, 따라서 그들에게 방식을 바꾸라고 설득할 수 있는 위치에 있지 않다고 생각했다.

원단 공급업체에 의류의 성능을 개선할 수 있는 변화를 요청하는 데에는 주저함이 없었지만, 재생 소재를 사용하도록 요청하거나 공장과 협력 관계에 있는 염색업체의 폐수 정책을 조사하거나, 봉제공장의 작업 환경을 면밀히 확인해야 한다는 생각은 하지 못했다.

사업 초기의 결정이었던 재생 폴리에스터의 개발과 사용은 내부적으로 논란이 많은 주제였다. 관리자들은 당시 '재생 또는 재활용'으로 불리는 것들의 품질이 낮다는 평판 때문에 매출에 손실이 있지 않을까 염려했다.

하지만 우리는 늘 그랬듯이 서서히 자신감을 얻었다. 우리는 소비 후 재생 함량(postconsumer-recycled content, 소비자가 사용한 후 재생된 재료가 포함된 정도-옮긴이)이 높고 제지 공장에서 상업적 사용이 가능한 고품질 용지 개발을 지원했다. 건물을 짓거나 낡은 소매점을 리모델링할 때는 휘발성 유기화합물(VOCs)이 없는 페인트와 재생 목재, 벽판을 사용하고, 에너지 효율이 높은 조명을 설치했다. 1996년 리노의 새 물류센터는 태양열 추적 채광창과 복사열 난방을 통해 에너지 사용량을 60퍼센트 절감했고, 철근부터 카펫, 소변기 칸막이까지 모든 자재를 재생 소재로 선택했다. 이듬해 벤투라 머츠 코티지 카

——→
야생동물을 위한 안전한 길: 캐나다 앨버타주 밴프 인근의 동물용 육교. 아스팔트와 차들의 행렬로 분리되었던 야생동물 서식지를 다시 연결하고 있다. 사진: 조엘 사토르

폐 부지에 3층짜리 사무용 건물을 지을 때는 재생 자재의 사용 비율을 95퍼센트로 높였다.

2006년에 이르러서는 리노 물류센터 확장에 LEED(Leadership in Energy and Environmental Design, 에너지 및 환경 디자인 리더십, 미국 그린빌딩위원회에서 개발, 시행 중인 친환경 건축물 인증제도-옮긴이) 인증을 충분히 취득할 수 있을 만큼 경험을 축적하고 자신감을 얻었다. 이 표준에 따라 건축하는 것은 계약업체와 리노 지역 모두에서 처음 있는 일이었다.

2018년에는 물류의 규모가 너무 커져서, 서부 해안에서 미국 전역으로 배송하는 시스템의 탄소 배출량을 줄이는 일에 나서기로 했다. 운영팀은 부동산 중개업자들과 함께 동부 해안 물류센터 부지를 찾아다녔다. 오하이오, 테네시, 펜실베이니아의 구릉지를 지날 때면 중개업자들은 미개발된 땅을 보여 주며 침이 마르게 칭찬을 하곤 했다. 우리 운영팀은 속을 태웠다. 3만 제곱미터 규모의 창고를 짓자고 2만 제곱미터에 달하는 농지나 숲을 포장해 버린다고?

물류 파트너인 DHL의 도움으로 우리는 대안을 찾았다. 비영리 단체 어스 컨서번시(Earth Conservancy)가 매립한 펜실베이니아주 윌크스배리에 있는 폐광이었다. 이곳은 너무나 기막힌 사연을 갖고 있었다. 60년 전 녹스 석탄 회사가 광부들에게 서스쿼해나강과 지나치게 가깝게 터널을 파라는 불법적인 지시를 하면서 광산이 무너지는 사고가 났던 곳이었다. 당시 무너진 광산으로 어마어마한 강물이 들어와 12명이 익사하고 지역 전역의 수평 갱도가 침수되었다. 대부분의 갱도는 안전이 보장되지 않아 구조대가 들어갈 수도 없었다. 지역의 많은 업체들이 파산했고 그중에는 블루 콜도 있었다.

파산 절차가 수십 년 동안 이어졌고, 이후 어스 컨서번시가 땅을 안정화시키고, 산허리에 길을 내고, 녹화를 시키는 데 또 22년이 걸렸다. 바로 그곳에 파타고니아의 동부 허브가 자리하게 된 것이다. 어스 컨서번시는 이 지역을 비롯한 여러 지역의 광산 매립에 성공하면서 지역의 환경은 물론 일자리까지 복원하겠다는 장기 목표를 이루고 있다.

우리는 이 지역 출신의 가비 자와키를 물류센터 관리자로 고용했다. 그녀의 많은 기술 중 하나는 계곡을 가로지르는 22층짜리 복잡한 수평 갱도가 그려진 지도를 해독하는 능력이었다.

이렇게 집안을 단속해도 파타고니아 제품의 제조와 운송 과정에서 발생하는 온실가스 배출량은 크게 줄지 않았다. 현재 우리가 배출하는 온실가스의 97퍼센트는 사무실, 창고, 매장, 출장이 아닌 공급망, 즉 면화를 재배하는 농장과 염색업체, 제조 공장, 폴리에스터와 나일론을 생산하는 공장 등에서 발생한다. 이런 영향의 대부분은 원자재 생산에서 비롯된다. 대개의 경우 우리는 새로 채굴된 석유에서 생산된 '버진' 합성 원료('virgin' synthetics, 새롭게 추출된 화석 연료에서 직접 생산되는 합성 원료. 이전에 사용되거나 재활용되지 않은 원

료-옮긴이)를 더 이상 사용하지 않지만, 원단을 생산하는 공장이나 봉제 공장에서는 여전히 석탄이나 기타 재생 불가능한 에너지원에서 전력을 공급받고 있다.

우리는 탄소 중립을 위해 노력하고 있으며, 이는 우리의 책임 하에 있는 탄소 배출을 제거, 포집, 완화해야 한다는 의미다. 이를 위해 우리는 공급업체의 공장, 농장과 협력해 대체 에너지원 도입을 돕고 있다. (이 글을 쓰는 현재, 우리가 환경에 미치는 영향의 82퍼센트는 원자재에서 비롯되며 우리가 사용하는 많은 공장이 여전히 석탄으로 움직이고 있음을 밝힌다.)

유독 물질에 노출된 직원들

1988년 새롭게 단장한 보스턴 매장이 문을 열었다. 그런데 당시로서는 환경적 측면에서 최첨단 시설을 갖추고 있던 이 매장 직원들이 문을 연 지 며칠 만에 두통을 느끼기 시작했다. 실내 공기를 검사한 결과, 환기 시스템에 결함이 있어 환기구를 통해 포름알데히드가 제대로 배출되지 않았고, 그로 인해 직원들이 유독 물질에 노출되고 있었다는 것을 알게 되었다. 일반적인 기업이라면 환기 시스템을 고치는 것으로 상황을 마무리했겠지만 우리는 보다 근본적인 원인을 알고 싶었다.

문제의 원인은 공장에서 수축과 구김을 방지하기 위해 면 의류에 가하는 마감 처리에 있는 것으로 드러났다. 당시 우리가 포름알데히드에 대해 알고 있던 것은 생물 시간에 양의 심장이 담긴 병 속에서 보았던 화학물질이라는 것뿐이었다. 이 사건 이후에야 우리는 포름알데히드가 코, 비강, 인후에 암을 유발할 수 있다는 점을 알게 되었다(미국 환경보호청은 20년 후 허리케인 카트리나 피해자들이 미국 연방비상관리국 트레일러 안의 포름알데히드 때문에 병에 걸린 후에야 이런 위험을 인정하게 된다). 우리는 포름알데히드 사용을 줄이면서도 수축이나 구김을 방지하기 위해 고품질의 장섬유(long-staple, 개별 섬유의 길이가 상대적으로 긴 것, 길이가 짧은 것에 비해 강하고 부드러우며 내구성이 좋다-옮긴이) 면을 사용해야 한다는 것을 배우고, 섬유를 잣는 방식을 변경하고, 방축 가공을 했다. 이런 방법으로 비용이 늘어났지만, 환경 피해를 줄이면서도 품질을 희생시키지 않는 것이 중요했다. 우리 중에는 바지를 다려 입으려는 사람도 없었고 세탁소에 보내 더 많은 화학물질로 드라이클리닝 하고자 하는 사람도 없었다.

우리가 성찰하는 비즈니스를 하고 있지 않다는 것이 분명해졌다. 우리는 환경에 대한 책임을 다하는 방식으로 의류를 만드는 방법을 모르고 있었던 것이다. 이 사건을 계기로 우리는 우리가 유발하고 있는 다른 피해는 없는지 생각하게 되었다.

우리의 사업 방식은 다른 의류 회사와 다를 바가 없었다. 질감과 내구성이 좋은 면직물을 고르고, 재단 공장과 봉제 공장으로 샘플을 보냈다. 이 공장들은 가격에 따라 여러 나라에서 대량으로 원면을 사들이는 중개상들로부터 납품을 받는다. 따라서 우리는 면이 어디에서 왔는지, 어떻게 마감 처리가 되었는지 전혀 알 수 없었다.

1991년, 우리는 우리 옷에 가장 흔히 사용되는 네 가지 섬유, 면, 폴리에스터, 나일론, 울의 환경 영향 평가를 의뢰했다. 면이 나일론보다 '천연'과 훨씬 거리가 멀다는 사실은 우리에게 큰 충격을 주었다. 목화 재배는 환경에 주는 피해가 어마어마하게 컸다.

끔찍한 이야기였다. 목화를 심을 토양을 준비하기 위해서는 유기인산염(인간의 중추신경계를 손상시킬 수 있는 물질. 2차 세계대전 당시 신경가스로 개발되었다)을 뿌린다. 그러면 땅속의 모든 생명체가 죽는다. 토양이 완전히 죽는 것이다(살충제를 5년 동안 사용하지 않아야 토양 건강의 지표인 지렁이가 돌아온다). 이런 토양에 목화가 자리를 잡으려면 인공 비료를 집중적으로 사용해야 한다. 목화밭에서 흘러내리는 빗물은 해양 데드존(dead zone, 물속 산소가 고갈돼 생명체가 살 수 없는 환경으로 변한 바다-옮긴이)이 늘어나는 데 크게 기여한다. 총 경작지의 3퍼센트인 일반 재배 방식 목화밭에 농업에 사용되는 화학 살충제(insecticide, 곤충 특히 농업 생산에 위협이 되는 곤충을 표적으로 삼는 화학물질-옮긴이)의 24퍼센트와 농약(pesticide, 곤충, 잡초, 곰팡이, 설치류 등 광범위한 해충을 방제하는 데 사용되는 더 넓은 범주의 화학물질-옮긴이)의

11퍼센트가 뿌려진다. 이런 화학물질 중 표적 해충에 도달하는 것은 약 10분의 1정도다.

일반 목화밭에서는 악취가 난다. 화학물질 때문에 눈이 따갑고 속이 울렁거린다. 캘리포니아처럼 따뜻한 지역에서는 수확 전에 농약 살포기로 목화에 제초제 파라콰트도 뿌린다. 그중 표적에 이르는 것은 절반 정도이고 나머지는 인근의 밭과 하천으로 흘러든다.

21세기에 도입된 유전자 변형 Bt(Bacillus thuringiensis)면화는 초기에 살충제 사용을 줄일 수 있게 해 주었다. 잎을 먹는 볼웜 (bollworm)을 죽이는 성분을 가진 이 새로운 면화는 특히 온대 기후에서 효과가 좋았다. 하지만 2000년대 초에 대규모로 Bt면화를 재배한 중국이 몇 계절이 지나 볼웜이 없는 틈새로 Bt에 면역이 있는 풀벌레와 기타 해충이 들어오는 것을 발견했고, 살충제 대량 살포가 다시 시작됐다. 미국의 경우 Bt에 대한 내성이 생긴 볼웜 때문에 제조사 몬산토/바이엘이 매년 제조법을 조정해야 했다.

우리의 수석 섬유 개발자 질 듀메인은 곧 독성 화학물질 전문가가 되어 대안 탐색 작업을 주도했다. 캘리포니아와 텍사스에서 가족이 경영하는 몇몇 농장으로부터 유기농 면화를 구할 수 있었다. 그렇게 우리의 실험이 시작되었다. 처음에는 티셔츠를 만들 때만 유기농 면을 사용했다. 하지만 샌와킨 밸리의 일반 재배식 목화밭을 몇 차례 찾아 셀레늄 연못의 냄새를 맡고 달 표면과 같은 풍경을 본 뒤 스스로에게 이런 질문을 던지게 되었다. '이런 식으로 지구를

파괴하는 제품을 계속 만들어도 되는 걸까?'

1994년 가을, 우리는 1996년까지 면 스포츠웨어 전부를 유기농으로 만들겠다는 결단을 내렸다. 66개 제품을 유기농 면으로 전환하는 데 18개월이 걸렸고, 유기농 면을 확보하는 데에는 1년이 채 걸리지 않았다. 중개상을 통해 살 수 있는 유통 물량이 충분하지 않았기 때문에 우리는 유기농 방식으로 전환한 소수의 농가를 직접 찾아갔다. 인증 업체에 모든 섬유를 곤포 상태까지 추적하도록 요청했고, 그다음에는 조면 공장과 방적 공장을 찾아가 아주 적은 양의 작업을 하더라도 전후에 장비를 세척하도록 설득했다. 특히 방적 업체들은 끈질긴 설득이 필요했다. 유기농 면이 잎과 줄기가 많고 진딧물로 끈적인다는 이유로 반대했기 때문이었다. 다행히 태국에 있는 우리의 가장 창의적인 협력업체가 방적하기 전에 면화를 얼리는 방식으로 이 문제를 해결했다.

협력업체의 수완과 열린 마음 덕분에 결국 전환에 성공할 수 있었다. 1996년부터 파타고니아의 모든 면 의류는 유기농 소재로 만들어지고 있다. 우리의 유기농 면 오디세이는 파타고니아의 이름 아래 공급망의 모든 단계에서 일어나는 일에 대한 책임을 일깨워주었다.

첫 번째 원단 평가를 통해 배운 것이 하나 더 있었다. 석유 기반 폴리에스터는 유정에서 갓 뽑아낸 석유로 만든 것보다 재생 소재를 사용할 때 덜 해롭다는 점이었다. 우리는 1리터짜리 페트병 25개를 녹여 섬유로 압출 성형함으로써 플리스 재킷을 만드는 방법도 배웠다. 이후 폴리에스터를 재생하는 가장 효율적인 방법이 수명이 다한 옷을 녹여 새로운 섬유로 압출하는 것임을 알게 되었다.

섬유 산업은 농업에 이어 지구상에서 화학물질이 가장 집약적으로 사용되는 산업이며, 점점 더 부족해지는 담수를 오염시키는 세계 최대의 오염원이다. 세계은행은 담수 오염의 약 20퍼센트가 섬유 염색과 마감 과정에서 발생하는 것으로 추정하고 있다.

구글 어스 위성사진을 보면 중국의 주강이 대형 청바지 공장들이 위치한 싱탕에서부터 남색으로 변해 남중국해로 흘러가는 것을 확인할 수 있다. 연구원들은 물에서 섬유 염료로 인한 72가지 독성 화학물질을 확인했으며, 이는 방직 노동자들의 건강을 위태롭게 할 수 있다. 또한 섬유 산업은 공장에 연료를 공급하기 위해 나무나 석탄을 태워 증기를 발생시키며, 염색과 마감 공정에서는 물을 대단히 많이 사용한다.

처리 과정을 거치지 않거나 부분적으로만 처리된 폐수는 다시 강으로 흘러들어가 물의 온도를 높이고, pH를 높이고, 염료, 마감제, 정착액으로 오염시켜 염분과 금속 잔류물을 남기며 이는 농지로 침출되거나 물고기의 내장에 침착된다. 1990년대 초에 이 사실을 알게 된 우리는 물을 재생하는 공장을 찾아 나섰다. 그리고 지난 10년 동안 우리가 배운 가장 놀라운 사실은 가정용 세탁기로 의류를 세탁할 때까지 오염이 발생한다는 것이었다. 모든 의류는 극세사 입자(눈에 보이지 않는 것들도 있다)를 배출하며, 이들이 도시 상하수도로 유입되어 결국 바다로 흘러들어 간다.

파타고니아 제품을 비롯한 폴리에스터 플리스는 촘촘한 구조의 직물보다 배출하는 입자가 더 많으며, 석유 기반 섬유인 폴리에스터는 환경에 잔류하기 때문에(기존 면에 사용되는 화학물질과 마찬가지로) 환경오염의 주범이다. 우리는 2014년부터 오션 와이즈 플라스틱 연구소(Ocean Wise Plastic Labs) 및 아웃도어 브랜드들과 협력해 이 문제에 대한 해결책(다른 구조의 직물, 가정용 세탁기의 여과 기능 개선, 도시 상하수도 시스템 변경)을 개발하고 있다. 이런 노력에 가장 먼저 동참한 가전제품 제조업체는 삼성전자이다. 삼성전자는 직물에서 배출된 미세섬유 대부분을 포집하는 세탁 기술을 개발했다. 다른 제조업체들도 선례를 따라 오염된 폐수로부터 바다와 강을 보호하는 데 나서고 있다.

많은 기업의 친환경 혁신이 그러하듯, 미세섬유를 포집하는 세탁 기술은 나의 과오가 삼성전자의 선의와 만나 탄생한 결과물이라는 점을 언급하고 넘어가야 하겠다. 2019년 수백 명에 달하는 삼성전자 대표단과 이야기를 나눌 때, 나는 미세섬유 문제를 해결할 수 있는 세탁 기술은 존재하지 않는다고 언급했다. 나는 외교적인 발언을 하지 못한 것을 바로 후회하며 무심코 이렇게 말했다. "그러니까 뭐… 여러분이 만들면 되겠군요."

1년 만에 삼성전자는 새로운 기술을 개발했고, 파타고니아 및 오션 와이즈와 협력해 테스트한 후 새 기술을 적용한 세탁기를 성공적으로 시장에 내놓았다.

유기농 면에 대해서 언급할 것이 하나 더 남았다. 유기농 면이라고 해도 지구에 긍정적인 영향만 미치는 것은 아니다. 유해한 화학물질을 사용하지 않을 뿐이다. 재생 유기농업 방식은 노동 집약적이지만 보통의 유기농 면보다 오염 발생이 훨씬 적다. 재생 유기농업은 건강한 토양을 회복한다는 면에서 독성 화학물질 제거 이상의 역할을 한다. 재생 유기농업에서는 경작을 최소화하고(농작물 심기, 잡초 제거, 비료 사용을 위해 토양을 뒤집는 작업 등 토양을 기계적으로 조작하는 양을 줄이거나 제한하는 것-옮긴이), 윤작과 혼작을 하며, 비료(천연 비료라도)와 물을 덜 사용한다. 이러한 방식은 자연이 스스로 할 수 있는 것보다 훨씬 빠르게 표토를 복원한다. 건강한 토양은 공기 중의 탄소를 토양 깊숙이 끌어들인다. 당근, 복숭아, 토마토 등 맛이 좋고 영양가가 높은 좋은 식품이 이런 방식으로 자란다. 면과 대마도 이런 방식, 즉 지구를 사막화하지 않고 되살리는 방식으로 자랄 수 있다.

국제 환경운동가이자 저널리스트인 빌 맥키번은 수년 전 공장식 농업과 저투입 농업(low-input farming, 합성비료, 농약, 물, 에너지 등 외부 자원을 최소한으로 사용하는 농업 방식-옮긴이)의 수확량을 비교하면

$\longrightarrow$
2019년 인도 아르빈드사의 재생 유기농 면화 농장. 사진: 아바니 라이

서 흥미로운 지적을 했다. 보조금을 받는 공장식 농업은 에이커당 수익이 높지만, 산출량이 많은 것은 저투입(반드시 유기농일 필요는 없다) 밭이라고 말이다. 공장식 농업에는 단순화와 기계화가 중요하다. 페라리 못지않게 비싸고 엄청난 석유를 사용하는 기계로 수백 에이커에 걸쳐 단일 작물을 재배한다. 하지만 몇 에이커의 땅을 가진 농부는 어떤 식물이 다른 식물의 그늘에서 잘 자라는지, 뿌리의 길이가 다른 식물을 간작해야 하는 곳은 어디인지, 지렁이가 많은 곳은 어디인지를 알기 위해 논밭을 돌아다니며 조사하고, 생산성을 높이는 방법을 알아내기 위해 자연에서 직접 얻은 지식에 의존한다. 단일 경작은 땅을 고갈시키지만 이런 저투입 농업은 자연을 이용하고 자연과 협력해 땅을 더 풍요롭게 만든다.

현재 우리는 인도, 페루의 농부 2,500명 이상과 협력 관계를 맺고 있으며, 이들 대부분은 1~2에이커 규모의 땅에서 재생 유기농법을 사용한다. 2030년까지는 재생 유기농법으로 재배된 면과 마만을 독점적으로 공급할 수 있게 되는 것이 우리의 바람이다. 소규모 경작으로 농부는 작물을 관찰하고 날씨 변화에 더 잘 적응하며 해충을 방제할 수 있다. 면화를 강황이나 병아리콩과 같이 심으면 농부는 두 번째 수입원을 얻게 되면서 부채를 최소화할 수 있다.

공장식 농업보다는 소규모의 저투입 농업이 현재와 미래를 위한 건전한 사업 방식이다. 효율성과 확장 가능성에 중점을 두는 20세기에 성장한 사람들에게는 직관에 반하는 이야기일 수 있다. 하지만 이제는 비즈니스에 종사하는 사람들이 스스로를 자연의 일부로 이해하고 자기 땅을 걸으며 땅에 대한 직접적인 지식을 얻어야 할 때가 왔다. 미래 세대가 살 수 있는 세상을 만들기 위해 우리의 관행을 덜 소모적이고 더 생산적으로 만들어야 한다.

우리의 발자국

본래 '발자국 연대기(Footprint Chronicles)'라고 불렸던 '우리의 발자국(Our Footprint)'은 고객, NGO, 공급업체, 우리 직원들에게 우리의 환경적, 사회적 영향을 교육하기 위해 웹사이트에 정보를 공시해 왔다. 이런 투명성을 통해 우리는 현상 유지를 넘어 더 나은 선택을 할 수 있었고, 더 나은 일을 하는 것은 우리의 일을 더 의미 있게 만들었다. 그 결과 우리는 단순히 옷을 만드는 것이 아니라 환경 피해가 적고 오래 입을 수 있는 옷을 만들고 있다. 그리고 우리의 노력은 '우리의 발자국'을 통해 다른 사람에게 영감을 주었다.

2005년에는 기업의 사회적 책임(corporate social responsibility, CSR) 보고서가 대다수 대기업(보통 상장 기업)과 중견기업의 관례가 되었다. NGO, 시민단체, 언론인들이 이 보고서를 기업의 비즈니스 관행을 비교·검토하는 도구로 사용했다. 하지만 파타고니아는 아직 보고서를 만들지 않고 있었다. 환경적, 사회적 책임에 대한 이런 보고서들은 구체성과 깊이가 부족했고 우리가 처음 만든 CSR 보고서 역시 그런 한계에서 벗어나지 못했다. 이런 보고서로는 회사가

'우리의 발자국'의 초기 버전에는 각 제품에 대한 평가가 포함되어 있다. '좋은 점', '나쁜 점', '우리가 생각해야 할 것'에서는 해당 제품에서 우리가 자랑스러워하는 점, 변화가 필요한 점, 다음으로 계획하고 있는 것을 설명한다.

교향악단에 얼마를 기부했는지는 알 수 있지만, 나이 저강 삼각주 몇 제곱킬로미터를 파괴했는지는 알 수 없었다.

우리는 우리의 활동(또는 활동의 부족)을 보고할 보다 투명하고 강렬한 방식을 찾고 싶었다. 일반적이고 모호한 CSR 활동에 무감해진 연구자들과 고객들까지 끌어들이는 CSR 보고서를 만들고 싶었던 것이다. 그래서 쌍방향 미니 웹사이트 '우리의 발자국'을 만들었고, 첫 시즌에 5개 파타고니아 제품을 디자인부터 섬유 원산지, 직조, 염색, 봉제, 리노 창고로의 배송까지 지리적으로 추적했다. 각 제품의 탄소 배출량, 에너지 사용량, 폐기물은 물론이고 원산지에서 창고까지 이동한 거리도 계산했다. 우리는 이 정보를 제품의 온라인 판매 페이지에도 게시했다.

'우리의 발자국' 뒤에는 파타고니아라는 기업의 목표와 운영 방식을 전체적으로 조사하고 소통하겠다는 뜻이 숨어 있었다. 우리는 이 보고서에 파타고니아의 직원뿐 아니라 농장과 공장, 염색 및 봉제 업체에서 파타고니아 제품과 관련된 일을 하는 모든 사람을 포함시키고 책임지고자 했다. 디자인, 테스트, 영업, 마케팅, 유통에 종사하는 직원은 500명 정도였지만, 공급망 전체에서 파타고니아 제품을 위해 일하는 직원은 최대 만 명에 달했다. 우리는 우리의 사업에 대해 더 깊이 알고 싶었다. 파타고니아 의류 생산에 따른 의도치 않은 모든 해로운 결과를 파헤쳐야 할 때였다. 산업적 규모로 발생하는 피해는 산업적 규모로 줄일 수 있으니까.

이 모든 일을 단 두 명의 직원이 해냈다는 것이 중요하다. 사실 의도적으로 부서의 규모를 작게 했다. 우리는 환경 피해를 줄이는 일이 모든 사람이 맡은 일의 일부가 되기를 바랐다. 제품 품질을 담당하거나 원료 조달을 담당하는 직원과 비생산적인 충돌을 일으킬 수 있는 별개의 체제를 만들거나, 직원들이 다른 사람이 맡아 하는 일로 생각하고 환경적 고려를 부차적인 것으로 여길 이유를 만들어주고 싶지 않았다. 우리는 환경팀의 구성원들이 회사 전체에서 환영받고 인정받는 자원이 되기를 바랐다. 뿐만 아니라 한편으로 그들은 상당한 영향력을 가지고 있어야 했다. 따라서 환경팀은 만족스럽지 못한 환경이나 근무 조건을 발견할 경우 새 공장과 거래하기로 한 조달 부서의 결정을 무효로 하거나 미룰 수 있었다.

파타고니아는 더 이상 쉬나드 이큅먼트 시절처럼 산업혁명 이전을 연상케 하는 마당 구석의 대장간, 구멍가게가 아니다. 우리 옷을 만드는 대부분의 사람들은 저개발국의 가난한 여성들이다. 그들은 출퇴근 시간을 체크하고, 일렬로 늘어선 기계 앞에서 일을 한다. 그들은 매일 파타고니아를 위해 옷을 재봉하고, 우리 회사를 위해 일하지 않는 날에는 경쟁사를 위해 재봉을 한다. 우리가 그들의 고용주에게 지불하려는 금액이 그들의 임금을 결정한다.

누구도, 무엇도 착취하지 않는 경영

산업혁명이 시작된 이래 농장과 공장의 임금은 낮은 수준을 벗어나지 못했다. 2세기 동안 섬유 공장과 봉제 공장은 생계형 농업에서 산업 경제로 전환하는 과정에 있는 사람들에게 가장 말단의 일자리를 제공했다. 한 지역의 임금이 상승하면 사람들은 더 나은 일자리를 찾는다. 그러면 공장은 새로운 농촌 지역이나 새로운 국가로 옮겨 가고, 새로운 사람들이 정기적인 급여라는 유혹에 이끌려 농장을 떠나게 된다.

50년 전 우리가 의류 사업에 뛰어들었을 때는 고품질 면 스포츠웨어 생산이 이미 미국에서 당시 영국 식민지였던 홍콩으로 이동한 상황이었다. [NAFTA(북미자유무역협정)가 발효되기 전까지는 미국에서 원단을 조달하고 합성섬유 의류를 생산할 수 있었다.] 시간이 흐르자 스포츠웨어의 중심지는 홍콩에서 중국 본토로, 그다음에는 중국 북부와 내륙으로, 결국 베트남, 태국, 방글라데시로 이동했다. 처음 시골 지역에 세워진 봉제 공장의 관리자들은 그 지역의 농장에서 젊은 여성들을 모아 허름한 숙소에 살게 했다. 여성들은 몇 년간 열심히 일해 결혼 지참금을 벌면 집으로 돌아갔다. 그 사이 공장 주변에 마을이 생겼고 숙소는 더 이상 필요하지 않게 되었다.

주거와 노동을 통합하는 이 아이디어는 1830년대 미국에서 시작되었다. 최초의 대규모 통합 방직 공장이 매사추세츠주 로웰과 로렌스에 설립되었을 때, 지역 농부들은 공장 일이 농장 일보다 열등하다고 여기면서도 딸들을 공장에 보내는 데에는 반대하지 않았다. 소녀와 여성들은 1년 계약을 맺고 기숙사에서 살았다. 한 방에 6명, 한 건물에 24명이 함께 지냈다.

미국을 찾은 찰스 디킨스는 기숙사 응접실에 놓인 피아노와 '공장 직공'이 썼다는 표지 문구가 인쇄된 문학잡지를 언급하며 공장 업무와 생활환경을 칭찬했다. 하지만 여성들은 아침 7시부터 저녁 7시까지 일했고, 공장 안은 실이 습기를 빼앗기지 않도록 창문을 닫아 두어 옷감의 보풀이 공기 중에 떠다니다 사람의 폐 속으로 들어갔다. 직기는 정밀하게 만들어지지 않아 엄청난 수준의 소음을 냈다. 오늘날의 기준으로 보면 무척 열악한 상황이었던 것이다.

방직공장 주변 뉴잉글랜드의 마을들이 성장하자 기숙사는 문을 닫았다. 19세기 말에는 공장의 노동 기반이 농장의 소녀들에서 이민자들로 바뀌었다. 우리 가족도 이런 역사의 일부다. 우리 가족은 퀘벡에 있는 농장을 팔고 남쪽 메인주로 이주해 안드로스코긴강을 따라 들어선 면직물과 모직물 공장에서 일을 했다. 시스템은 효율적이었다.

1908년, 9살이었던 이본의 아버지는 부모님과 10명의 형제자매와 함께 기차를 타고 메인주 루이스턴으로 갔다. 그랜드 트렁크 철도 차량기지 맞은편에 베이츠 제조회사의 직업소개소가 있었고, 소개소 뒤편에는 쁘띠 캐나다로 알려진 4층짜리 목조 공동주택이 펼쳐져 있었다. 이본의 가족들은 역에 도착해 노동이 가능한 모든 사람(6세 이상)의 일자리를 구한 뒤 반 블록을 걸어가 방을 빌렸다. 이 모든 것이 하루 만에 가능했다. 프랑스계 캐나다인들은 당시 미국인들(소녀와 여성 포함)이 기피하던 일을 했다.

그 일은 의미 있는 일이었을까? 우리 이민자들은 의미 따위는 생각하지 않았을 것이다. 그들은 의미는 있지만 땅에 얽매인 고된 노동에서, 안전하지 않고 불편한 환경에서 장시간 일해야 하는 저임금 산업 노동으로 전환한 세대였다. 그들은 더 이상 농민이 아니라 깨어 있는 대부분의 시간에 대한 통제권을 잃은 산업 노동자가 되었다. 이들의 새로운 삶은 의식주에 대한 기본적인 욕구는 물론 사회적 욕구까지 충족시켜 주는 듯했다. 친구들이 함께 일을 했으니까. 그러나 심리학자 에이브러햄 매슬로가 말한 인간의 욕구 단계에서 가장 높고 복잡한 두 가지, 자기 존중과 자기실현의 욕구는 충족시키지 못했다. 매슬로는 생존에 중요한 순서대로, 기본 욕구 충족이 우선이고 자기실현이 마지막이라고 생각했다. 우리 이민자들은 기본적인 욕구는 충족시켰지만 자존감과 자기실현의 면에서는 많은 비용을 치렀다. 그들은 농장을 떠나 공장으로 가면서 정기적인 수입을 얻게 되었고 생활은 더 편해졌지만, 귀가 터질 듯 시끄러운 작업장에서 혹사당하면서 자율성, 목적의식, 자연과의 유대를 잃었다.

농장 생활은 거칠고 악천후에는 가혹할 정도로 위험했지만, 이렇게 새로운 방식으로 그들의 품위를 훼손하지는 않았다.

결국 공장은 더 값싸고 노조가 없는 노동력을 찾아 뉴잉글랜드에서 캐롤라이나로, 결국에는 아시아와 남미로 이동했다. 그러나 그렇지 않아도 적은 임금을 더 적게 주려는 노력은 한 지역에서 다른 지역으로 이전하는 것으로는 더 이상 성공적일 수 없었다. 애초에 이런 상황까지 오지는 말았어야 했다. 모든 근로자는 최저임금을 보장받을 자격이 있다. 어떤 지역에 살고 어떤 일터에 다니든 노동자는 존중받고, 최선을 다하고, 자신이 하는 일이 사회에 해를 끼치는 것이 아니라 도움이 된다고 느끼는 가장 높은 단계의 욕구를 충족시킬 권리가 있다. 어떤 일이든 의미가 없어서는 안 된다.

부끄럽지만 우리 역시 공급망 내의 외주 업체에서 일하는 사람들에게 우리가 무엇을 빚지고 있는지 자문하는 데 오랜 시간이 걸렸다. 우리는 캐주얼 스포츠웨어에 대해서도 높은 봉제 기준을 적용했고, 기능성 의류에 대해서는 더 까다로운 기준을 적용했다. 품질 요건을 충족시키기 위해 생산 담당자는 항상 숙련된 재봉사를 고용하는 깨끗하고 조명이 잘 갖춰진 공장을 찾아야 했다. 우리는 공장과 가격이나 조건을 놓고 매번 협상을 벌였지만, 인건비에서 최저가를 추구하지는 않았다.

그런데 월마트에서 판매되는 캐시 리 기퍼드의 의류 라인 재봉이 열두 살짜리 아이들에 의해 이루어졌다는 한 노동권 보호 단체의 폭로가 있자, 우리도 그와 비슷한 일을 하고 있는 건 아닌지 의문이 들었다. 기퍼드가 전혀 몰랐다고 말했을 때 우리는 그녀의 말을 믿었다. 자기 회사의 공급망에 대해 아는 것이 별로 없는 상황은 우리도 마찬가지였기 때문이다. 우리 공장들은 화재를 예방하거나 화재에 대처하기 위해 어떤 조치를 취하고 있을까? 바늘 주변에 부상을 방지하기 위한 보호 장치가 있을까? 여성들은 일주일에 몇 시간씩 일을 할까? 우리는 이런 것들에 대해 알지 못했다. 좋은 공장이라해도, 직원들이 장시간 노동을 강요받을 수 있다. 우리처럼 회사에서 인기 있는 품목을 재주문하고 납품을 서둘러 달라고 압력을 넣는 경우라면 특히 더 그렇다.

1999년, 우리는 기퍼드 스캔들에 대응해 아동 노동을 근절하고 전 세계 의류 공장 환경을 개선하기 위해 클린턴 대통령이 만든 대책 위원회에 참여하겠느냐는 초대를 받아들였다. 이 대책 위원회에서 공정한 임금과 적절한 근로 조건에 전념하는 독립적인 비영리 모니터링 단체인 공정노동협회(Fair Labor Association, FLA)가 탄생했다. 공정노동협회의 직장 행동 강령은 아동 노동, 강제 노동, 폭력, 성희롱, 심리적 괴롭힘, 인종 차별을 금한다. 또한 법정 최저임금과 통상 임금 중 높은 임금, 시간외수당(허용되는 초과 근무 시간의 제한 안에서, 이것은 몹시 까다로운 문제다), 건강하고 안전한 근무 조건, 노조 가입의 자유(단, 중국과 베트남에서는 독립 노조가 허용되지 않음)를 보장한다. 파타고니아는 공장이 우리의 승인 없이 하청 계약을 하지 못

하게 하는 자체 행동 강령을 두고 있다.

파타고니아는 농장도 공장도 갖고 있지 않다. 파타고니아 직원 대부분은 파타고니아 의류가 생산되는 어떤 단계의 모습도 보지 못한다. 하지만 파타고니아의 이름으로 이루어지는 일이라면 우리의 시야 밖에 있어서는 안 된다. 우리 제품을 만드는 데 도움을 주는 모든 근로자, 파타고니아 라벨이 달린 의류에 들어가는 모든 것은 우리의 책임이다.

2000년대 초, 우리는 저렴한 노동력을 찾아 공장 기반을 확장하는 실수를 저질렀다. 머지않아 공장의 수가 우리가 관리할 수 있는 범위를 넘어섰다. 우리가 관리하는 사람들이 어떤 사람들인지, 현장의 환경이 어떤지 알 수가 없게 된 것이다. 그 결과 제품의 품질이 나빠지고, 배송이 늦어지고, 재작업 비용이 늘어났다. 뿐만 아니라 리노 창고에서의 검수 시간이 길어지자 고객 불만이 커졌고, 고객 반품으로 인한 수익 손실도 발생했다.

이후 우리는 공장의 수를 3분의 1로 줄이고 남은 협력업체들과 관계를 강화했다. 공장들은 생산품의 품질을 지속적으로 개선하고 작업 환경과 근로자의 삶의 질도 향상시켰다. 우리는 우리가 높이

평가하고 강한 연대의식을 느끼는 공장, 즉 재봉사부터 공장장까지 모든 사람이 일과 작업의 질에 주의를 기울이는 공장에 가능한 많은 일을 맡겼다.

그리고 이 시스템을 정착시키기 위해 발주 전에 사회·환경 책임 팀의 사람들이 새 공장을 방문해 상태를 확인하는 정책을 마련했다. 이 팀원은 계약을 파기할 수 있는 권한을 가진다. 품질 책임자 역시 새 공장에 대한 조달 부서의 결정에 대해 비슷한 거부권을 가진다. 현장이 너무 덥거나 자연 채광이 없는 곳에서는 우리 옷이 만들어질 수 없다. 현재 우리와 일하는 많은 공장의 임금이 시중 임금보다 높으며, 보조금이 지원되는 몸에 좋은 점심 식사, 저비용의 탁아 서비스, 현장 간호사를 제공한다.

2014년에는 공정무역 USA(Fair Trade USA)와 협력 관계를 맺고 인도의 공정무역 인증 공장에서 9가지 요가복을 실험 생산했다. 이 프로그램은 우리가 공정무역 인증 라벨이 부착된 모든 파타고니아 제품에 대해 에스크로 계좌로 기금을 입금하면, 민주적으로 선출된 노동자 위원회가 그 기금의 사용처를 선택하는 방식으로 운영된다. 근로자들은 현금 보너스는 물론 사내 보육 센터 이용이나 편리한 출퇴근을 위한 자전거 구입같이 여윳돈이 필요한 일들에 이 기금을 사용하기도 한다. 니카라과에서는 노동자들의 투표 결과에 따라 공정무역 USA가 쌀과 콩을 대량으로 주문해 모든 공장 직원들의 식비를 절반으로 줄였다.

이 글을 쓰는 현재, 파타고니아 의류의 87퍼센트가 공정무역 인증 공장에서 생산되고 있으며 64,000명의 근로자가 이 프로그램의 혜택을 받고 있다. 우리가 내놓은 기금(지금까지 총 400만 달러)은 파타고니아 제품 라인에서 일하는 근로자뿐 아니라 공장의 전체 근로자에게 분배된다. 파타고니아의 사례는 지난 10년간 공정무역 USA가 성장하는 데 큰 도움이 되었다. 이제 공정무역 USA가 근로자에게 분배한 금액은 10억 달러에 이른다. 오랫동안 상명하달식 환경에서 일했던 근로자들은 개인의 자율성을 허용하는 이 프로그램을 좋아한다. 고용주 역시 직원들의 사기가 높아져서 이 프로그램을 좋아한다.

다음의 큰 과제는 파타고니아 제품을 만드는 모든 근로자의 생활임금(여러 생계 상황을 고려하여 노동자의 최저 생활비를 보장해 주는 임금. 최저임금 수준보다 높다)을 보장하는 것이다. 공장은 최저 생활임금을 지급하려면 가격을 인상해야 한다. 그렇지 않으면 매출은 감소하고 근로자를 해고해야 할 위험이 있다. 공장들은 여러 브랜드의 비슷한 작업에 대해 동일한 임금을 주기 때문에 모든 브랜드가 더 많은 임금을 지급하는 데 동의해야 한다(기업이 가격 담합에 대한 법적 책임을 질 수도 있는 민감한 단계).

공정노동협회와 공정무역 USA는 공급망의 사회적 조건을 개선하는 데 도움을 주는 소중한 파트너였으며, 독립 검증 회사인 블루사인 테크놀러지(Bluesign Technologies)는 원단 생산에 사용되는 화학물질의 환경 피해를 최소화하려는 노력에 매우 중요한 역할을 해왔다. 블루사인의 체계적인 도움을 받아 원단 화학물질을 파란색(안전하게 사용할 수 있는), 회색(특별 취급 필요), 검은색(사용 금지)으로 선별하는 것은 매우 중요한 일이었다. 블루사인은 협력업체를 대상으로 자원 생산성, 소비자 안전, 물 배출, 대기 배출, 근로자 보건 및 안전 등 환경 성과의 5가지 핵심 영역을 개선하기 위한 정기적인 감사를 실시한다. 블루사인 협력업체의 지위를 유지하려면 정기적으로 진전을 보고하고 개선 목표를 달성해야 한다. 2007년에 우리는 블루사인 최초의 브랜드 협력업체가 되었다. 현재 1,000개에 가까운 브랜드, 제조업체, 화학물질 공급업체가 블루사인과 협력 관계를 맺고 있으며, 우리의 상위 10개 공급업체 중 9개 업체가 여기에 포함되어 있다.

'우리의 발자국' 웹사이트에는 블루사인, 공정노동협회, 공정무역 USA 같은 파트너로부터 배운 것과 더 나은 책임경영 기업이 되기 위한 파타고니아의 지속적인 노력이 기록되어 있다. 그리고 실패한 부분에 대해서도 숨김없이 이야기한다. 이 사이트는 제품을 만드는 지저분한 과정을 감추는 대신 드러낸다. 우리가 우리의 프로세스를 더 깊이 파고들수록 더 많은 것을 발견하게 됐기 때문이다. 다른 사람들에게 도움이 되기를 바라는 마음에서 우리가 배운 것을 공유하려고 한다.

새것보다 나은, 원웨어

1990년대 초 보스턴 매장 직원들의 두통 문제를 해결하기 위해 원단 분석을 의뢰했던 일은 우리가 만드는 모든 것의 사회적, 환경적 비용에 눈을 뜨는 계기가 되었다. 화학물질이 집중적으로 사용되는 면보다 오히려 폴리에스터가 친환경적인 원단인 것으로 드러났지만, 그렇더라도 폴리에스터는 땅에서 시추한 석유에서 비롯된 것이었다. Bt면화를 비롯한 유기농 면 역시 '전형적인' 면보다 우수하다고는 해도 대수층을 고갈시키는 지하수를 사용하거나 물고기가 살지 못하게 하는 콘크리트 댐의 관개에 의존하고 있었다.

우리는 건축가 윌리엄 맥도너의 '요람에서 요람으로'라는 생각을 고려하기 시작했다. 그는 자연 폐기물에서 생명이 다시 태어나듯이, 인간이 만든 제품도 수명이 다하면 새로운 제품(이상적으로라면 동등한 가치를 지닌)으로 재탄생해야 한다고 믿었다. 우리는 부족한 자원에 대한 의존을 줄이고 쓸모를 다한 제품이 미국의 쓰레기 매립지나 유럽, 일본의 소각장으로 가지 않도록 하고 싶었다.

2005년, 파타고니아는 커먼 스레드 의류 재생 프로그램(Common Threads Garment Recycling Program)을 시작했다. 고객들이 낡은 캐필린 속옷을 회사로 보내면 우리에게 폴리에스터를 공급하는 일본 업체에 보내 용해 작업을 거쳐 다시 새 섬유를 추출하는 프로그램이었다. 2010년까지 모든 파타고니아 제품을 회수해 재활용할 수 있게 만드는 것이 우리의 바람이었다. 매 시즌마다 낡은 파타고니아 제품의 유입량이 늘어났고, 2011년에는 회수한 낡은 파타고니아 제품 전체를 재활용하거나 다른 목적에 사용할 수 있게 되었다.

그 후 10년 동안 수명을 다하고 우리에게 돌아온 모든 파타고니아 의류를 받아들였다. 하지만 고객이 되돌려주는 것은 우리가 생산하는 것의 일부에 불과했고, 반품된 제품을 창고에서 꺼내 새 제품으로 만드는 데에도 어려움이 많았다.

우리의 폴리에스터 속옷이나 플리스 같은 완벽한 순환형 시스템에서 만들어진 제품들은 낡은 제품을 재생해서 만든 새로운 섬유가 그대로 가치를 유지한다. 그러나 면과 양모는 녹일 수가 없고 파쇄만 가능하며, 생산된 새로운 섬유는 원래 섬유에 비해 가치가 떨어졌다. 재생 면은 섬유의 길이가 짧고 거칠기 때문에 청바지나 두꺼운 셔츠 스타일의 재킷은 만들 수 있지만, 질이 좋은 직조 셔츠를 만들 수는 없었다. 여러 형태의 나일론 재생 방법을 배우는 데는 상당한 시간이 걸렸다. 낡은 낚시용 바지로 지갑을 만들고 웻수트로 음료 덮개(맥주 캔이나 병을 장기간 차갑게 유지하도록 설계된 절연 덮개-옮긴이)를 만드는 방법은 배웠지만, 배낭과 바퀴 달린 캐리어의 재활용 방법은 아직 해결이 필요한 과제다.

→
2016년 봄, 궂은 날씨에도 강행한 파타고니아 원웨어 투어. 사진: 도니 헤든

우리는 이런 진전에도 불구하고 우리가 거꾸로 가고 있다는 사실을 깨닫기 시작했다. 만들지 말았어야 할 물건을 만든 뒤 재활용하는 것이 무슨 의미가 있겠는가. 환경운동가 애니 레너드가 말하는 '줄이고, 고치고, 다시 쓰고, 재활용하라(Reduce, Repair, Reuse, Recycle)'라는 구호에서 재활용이 맨 마지막에 나오는 데에는 이유가 있다. 환경과 사회에 끼치는 피해를 줄이려면 줄이라는 경고를 우선해야 한다. 유용하지 않을 물건, 오래 가지 않을 물건은 만들지 말아야 한다. 필요 없는 물건은 사지 말아야 한다. 그러나 제품을 생산하는 다른 기업들이 그렇듯이 회사가 유지되려면 연간 3퍼센트의 성장이 필요한데, 고객에게 소비를 줄이라고 요구하면 어떻게 매출을 늘릴 수 있단 말인가?

사업을 망칠 수도 있는 아이디어를 추구할 때 자연스럽게 찾아오는 위축 반응을 극복한 우리는 재활용 프로그램을 개조해 '커먼 스레드 이니셔티브(Common Threads Initiative)'로 만들었다. 고객과의 협력을 통해 레너드의 4R 운동을 적절한 순서대로 추구하는 계획이었다.

2011년에는 에스프리가 했던 시도에서 영감을 받아 블랙프라이데이에 《뉴욕타임스》에 "이 재킷을 사지 마시오(Don't Buy This

DON'T BUY
THIS JACKET

It's Black Friday, the day in the year retail turns from red to black and starts to make real money. But Black Friday, and the culture of consumption it reflects, puts the economy of natural systems that support all life firmly in the red. We're now using the resources of one-and-a-half planets on our one and only planet.

Because Patagonia wants to be in business for a good long time – and leave a world inhabitable for our kids – we want to do the opposite of every other business today. We ask you to buy less and to reflect before you spend a dime on this jacket or anything else.

Environmental bankruptcy, as with corporate bankruptcy, can happen very slowly, then all of a sudden. This is what we face unless we slow down, then reverse the damage. We're running short on fresh water, topsoil, fisheries, wetlands – all our planet's natural systems and resources that support business, and life, including our own.

The environmental cost of everything we make is astonishing. Consider the R2® Jacket shown, one of our best sellers. To make it required 135 liters of

COMMON THREADS INITIATIVE

REDUCE
WE make useful gear that lasts a long time
YOU don't buy what you don't need

REPAIR
WE help you repair your Patagonia gear
YOU pledge to fix what's broken

REUSE
WE help find a home for Patagonia gear
you no longer need
YOU sell or pass it on*

RECYCLE
WE will take back your Patagonia gear
that is worn out
YOU pledge to keep your stuff out of
the landfill and incinerator

REIMAGINE
TOGETHER we reimagine a world where we take
only what nature can replace

water, enough to meet the daily needs (three glasses a day) of 45 people. Its journey from its origin as 60% recycled polyester to our Reno warehouse generated nearly 20 pounds of carbon dioxide, 24 times the weight of the finished product. This jacket left behind, on its way to Reno, two-thirds its weight in waste.

And this is a 60% recycled polyester jacket, knit and sewn to a high standard; it is exceptionally durable, so you won't have to replace it as often. And when it comes to the end of its useful life we'll take it back to recycle into a product of equal value. But, as is true of all the things we can make and you can buy, this jacket comes with an environmental cost higher than its price.

There is much to be done and plenty for us all to do. Don't buy what you don't need. Think twice before you buy anything. Go to patagonia.com/CommonThreads or scan the QR code below. Take the Common Threads Initiative pledge, and join us in the fifth "R," to reimagine a world where we take only what nature can replace.

patagonia®
patagonia.com

TAKE THE PLEDGE

Jacket)"라는 제목의 광고를 게재했다. 고객들에게 필요하지 않거나 오래 입을 수 없는 것을 사지 말라고 요청하는 광고였다. 더불어 우리는 유용하고 오래 가는 제품을 만들기 위해 두 배로 노력하겠다고 약속했다.

우리는 고객들에게 버리거나 교체하기 전에 우선 수리를 하라고 요청하는 한편, 옷을 더 빨리 회전시키기 위해 수선 부서를 확대했다. 그리고 고객들에게 더 이상 입지 않는 옷을 재유통시켜 달라고 요청하면서 고객이 제품을 쉽게 되팔 수 있도록 플랫폼을 구축하고, 우리 웹사이트에 중고 제품을 도입했다. 그 결과로 사업을 망치지는 않을까? 우리는 반대로 생각했다. 고객이 더 신중하게 구매를 하고 우리가 일을 잘해서 유용하고 질이 좋은 제품을 만든다면, 고객들이 계속 우리 제품을 구매할 것이고 우리와 뜻을 같이하는 새로운 고객을 얻게 될 것이라고 믿었다.

그 이래로 우리는 광고 문구처럼 '자연이 대체할 수 있는 것만 사용하겠다'는 약속을 더욱 강화하면서 사업을 확장해 왔다. 커먼 스레드의 후속 프로그램인 원웨어(Worn Wear) 프로그램이 내세우는 구호는 '새것보다 나은(Better than new)'이다. 나는 얼음이 얼고 바람이 부는 3월의 어느 날 40년 된 원웨어 수선 트럭 델리아를 몰고 I-95 고속도로를 따라 행사장으로 이동하던 때의 기쁨을 기억한다. 뉴햄프셔 대학교와 버몬트 대학교에서는 학생들이 고가의 재킷과 배낭 등의 장비를 무료로 받기 위해 줄을 서 있었다. 단, 무료 지급에는 조건이 있었다. 각 물품을 원웨어 직원의 도움을 받아 학생들이 직접 수선해야 했던 것이다. 이날 나는 날카로운 수선용 가위로 헌 가방에서 고장 난 버클을 떼어 내고 붉은 실로 새 버클을 꿰매는 방법을 배웠다. 공장에서 대량으로 만들어져 삶을 시작한 내 배낭은 이제 하나뿐인 나의 여행 부적이 되었다. 나는 지금도 매일 그 배낭을 사용한다.

파타고니아는 재생 원료와 재생 가능한 원재료만을 사용하는 방향으로 꾸준히 나아가고 있다. 10년 전에는 폴리에스터 제품에 60퍼센트 이상의 재생 원료를 사용하면 성능과 내구성을 포기해야 했고, 한 종류의 나일론만 재생할 수 있었다. 하지만 공급업체들과 함께 개발한 끝에 원유에서 추출한 폴리에스터 못지않은 100퍼센트 재생 폴리에스터 생산이 가능해졌다.

또한 남미 연안의 버려진 어망에서 추출한 나일론으로 레인 재킷과 모자챙의 나일론 대체재를 개발했다. '유령 어망(버려지거나 분실된 어구, 어부들이 더 이상 사용하지 않음에도 불구하고 계속해서 해양 생물을 포획하고 가둔다-옮긴이)'은 해양 오염의 주원인 중 하나다. 우리의 협력사인 부레오(Bureo)는 현지 어부들과 힘을 합쳐 칠레에서 이런 폐그물을 분류, 세척, 파쇄한 후 100퍼센트 추적 가능한 포스트컨슈머(post-consumer) 리사이클 소재인 넷플러스(NetPlus)로 재생한다. 우리는 어망을 직물로 전환함으로써 전 세계 바다에서 884톤 이상의 플라스틱 쓰레기를 줄이는 데 도움을 주었다. 부레오의 프로그램은 해안 지역 사회에 부가적인 수입원도 만들어 준다.

우리는 재생 소재의 사용을 천연섬유까지 확대했다. 봉제 공장에서 수거한 자투리 천을 기계적으로 파쇄해 새로운 원사를 뽑아내는 것이다. 우리는 대부분의 재생 면과 재생 폴리에스터를 혼합해 튼튼한 스웨트셔츠와 티셔츠를 생산한다. 재생 면은 기존 면화에서 처음 뽑아낸 면보다 이산화탄소 배출량이 80퍼센트 적다. 우리는 오리털을 세척하고 재활용하는 기계 개발에도 자금을 댔다. 현재 40개 이상의 제품에 재생 오리털(쿠션과 침구에서 재생한)을 사용해 소재 1kg당 이산화탄소 배출량을 31퍼센트 줄였다.

사실 재생에는 상당한 문제가 따른다. 그 일부는 기술적인 것이다. 예를 들어, 셔츠에는 여러 가지 소재가 사용된다. 대부분 면이지만 합성 물질로 된 심과 플라스틱 단추는 따로 재활용해야 한다. 또한 재생 업체는 재생 소재에 대한 시장도 직접 확보해야 한다. 그렇지 않으면 애써 재생한 것을 폐기하는 추가 비용이 발생할 수 있다.

소비의 쳇바퀴에서 벗어나려면 물건을 선택할 때 새것이 아니라도 여전히 매력적이고 유용한 것을 선택해야 한다. 물론 쉬운 일은 아니다. 산업화된 100에이커의 경작지보다 10에이커의 건강한 땅에서 더 많은 식량을 생산할 수 있다는 것을 상상하기 어려운 것처럼, 적지만 더 좋은 물건으로 풍요로운 경제를 만들 수 있다는 것은 믿기 어려운 일일 수 있다.

성장의 의미

파타고니아는 설립 후 대부분의 기간 동안 성장을 지속하면서 사회적, 환경적 착취를 줄이는 동시에 생산성을 높이는 관행을 만들 수 있었다. 대부분의 기업은 성장하거나 쇠퇴한다(리바이스처럼 매출이 정점을 찍은 후에도 수십 년 동안 건재한 기업도 있다). 매각되는 기업도 있고 사회, 문화, 생태 등 외부의 힘에 적응하기 위해 변화하는 기업도 있다.

하지만 모든 기업이 사업의 건전성을 성장에만 의존하는 것은 아니다. 헤노키엔스(Henokiens)는 200년 이상 이어져 온 가족 소유 기업 연합이다. 가장 오래된 기업은 717년부터 46대에 걸쳐 가족이 소유하고 경영해 온 일본 료칸 호시다. 호시가 여관으로서 성공할 수 있었던 이유는 성장이나 혁신 추구가 아니라, 14세기 동안 고객을 끌어모은 지역 온천에 대한 애정 어린 보살핌이었다. 그 외에도 이탈리아 무기 제조업체 베레타(1526년), 네덜란드 증류주 업체 디 카이퍼(1695년), 프랑스의 음악 출판사(1772년), 목재 용기를 생산하는 이탈리아의 쿠퍼(1775년), 가장 나이가 어린 업체인 오스트리아의 보석상(1814년) 등이 있다. 더 이상 가족 소유 기업이 아닌 파타고니아는 헤노키엔스에 합류할 자격이 없다.

최소한 물가 상승률의 속도로 성장해야만 기업을 건전하게 유지할 수 있는 것인지는 확실치 않다. 다만 우리는 책임을 다하고자 하는 기업으로서 높은 성장률을 필수가 아닌 위험한 선택지로 여긴다. 비즈니스란 늘 어떤 분야에서는 씨를 뿌리고 어떤 분야에서는 가지를 쳐야 한다. 회사나 기업의 활동이 영향을 미치는 세상에서 전반적인 성장이 항상 절대선으로 작용하는 것은 아니다.

협업

파타고니아는 매출의 1퍼센트를 풀뿌리 환경단체에 기부하기 시작하면서 그것을 '지구세(Earth tax)'라고 생각했다. 우리는 파타고니아 라벨이 달린 옷을 만드는 모든 활동이 환경에 해악을 유발한다는 것을 알고 있었다. 하지만 우리의 활동이 지구에 어떤 비용을 발생시키는지 몰랐기 때문에 세금을 어떻게 계산할지 알 수가 없었다. 앞서 말했듯이, 그 비용의 대부분은 공급망에서 발생한다. 우리가 소유하지 않은 공급업체의 공장, 염색 공장, 봉제 공장에서 우리가 통제할 수 없는 활동에 의해 발생했다.

초기에 우리는 우리와 환경에 대한 우려를 공유하는 다른 사업가들을 찾아봤다. 벤앤제리스와 바디샵의 소유주 그리고 미국 최초의 자연식품 기업 에러헌과 원예 도구 회사인 스미스 앤 호컨을 세운 폴 호컨이었다. 폴이 1993년 출간한 『비즈니스의 생태학(The Ecology of Commerce)』은 조지아주 카펫 타일 제조업체 인터페이스의 창립자 레이 앤더슨에게 영감을 주기도 했다. 그는 《이코노미스트》가 그의 부고 기사에서 언급했듯이 '미국 최고의 친환경 사업가'가 되었다.

낭비적이고 오염을 유발하는 우리의 산업 관행, 또는 파타고니아의 이름으로 행해지는 관행을 냉정한 시선으로 바라보게 되면서부터 우리는 기꺼이 조언과 도움을 주고자 하는 다른 의식 있는 의류, 신발 회사를 찾아 나섰다. 리바이스, 나이키, 팀버랜드처럼 우리보다 훨씬 규모가 큰 기업들도 있었다.

우리는 2008년부터 2012년까지 월마트의 초청으로 그들과 긴밀하게 협력해, 규모가 작은 우리 회사가 환경 관행 개선에 대해 배운 것을 공유했다. 월마트는 데오도란트 스틱의 과대 포장을 제거하고, 세탁 세제를 농축해 작은 병에 포장하고, 트럭에 보조 동력 장치를 설치해 공회전 시간을 줄이는 간단한 조치들을 통해 환경에 미치는 영향을 줄일 수 있다는(그리고 수백만 달러의 비용을 절감할 수 있다는) 데에 깊은 인상을 받았다.

파타고니아와 월마트의 대화는 예상하기 힘든 다윗과 골리앗의 협업으로 이어졌다. 2011년, 이본과 월마트의 판매 담당 최고 책임자 존 플레밍은 3개월 후 뉴욕에서 열리는 '21세기 의류 리더십 컨소시엄(21st Century Apparel Leadership Consortium)'의 초대장을 두 회사의 이름으로 발행했다. 두 회사는 세계 최대 의류 기업 16곳에 이 초대장을 보냈고, 그중 15곳이 '의류 부문의 지속 가능성을 측정하기 위해 보편적으로 받아들여질 접근 방식을 마련하고, 그 표준을 만들고 실행하기 위한 지속적인 협력 전략을 수립하자'는 요청을 받아들였다.

이 회의의 결과로 '지속 가능한 의류 연합(Sustainable Apparel Co-alition, SAC)'이 탄생했다. 현재 이 연합의 회원사들은 전 세계에서 판매되는 의류 및 신발의 3분의 1 이상을 생산하고 있다. 이들은 매년 수천 개 공장의 자원 사용량을 측정하고(소비되는 물과 전기의 양을 줄이고, 폐기물과 온실가스 배출의 양을 낮추기 위해), 공장의 노동 관행과 공장에서 사용하는 재료와 공정의 환경 영향을 평가하고, 소비자 대상 지수를 만들어 셔츠를 구매하려는 사람이 품질 표시표의 QR 코드를 통해 해당 셔츠의 사회, 환경적 영향에 대한 수치 등급을 읽을 수 있도록 하는 세 가지 목표를 채택했다.

현재 지속 가능한 의류 연합과 독립적으로 소유, 관리되고 있는 히그 지수(Higg Index)는 제조의 사회적, 환경적 영향을 평가하며, 심층 공급망(생산, 유통, 조달의 계층 또는 단계가 많고 복잡한 공급망-옮긴이)을 가진 소비재 회사에 뛰어난 평가 세트를 제공한다. 히그에 제공되는 정보는 현재 자기보고 방식이며, 시민과 정부의 신뢰를 높은 수준으로 끌어올리기 위한 다음 단계는 이 프로세스에 독립적인 검증 절차를 도입하는 것이다.

히그 지수의 소비자 대면 요소는 개발하는 데 가장 긴 시간이 걸린 제일 어려운 부분이었다. 2021년 도입 당시 일부 NGO와 노르웨이 정부가 그린워싱 도구로 사용될 가능성이 있다면서 부정적인 반응을 보였다. 파타고니아 역시 등급 시스템에 대한 자체적인 의구심이 있었기 때문에 첫 번째 평가에는 참여하지 않았다.

사실 히그 지수의 원래 목적 중 하나는 그린워싱의 가능성을 줄이는 것이었다. 경쟁사들이 제품의 영향력을 평가할 때 동일한 지표를 사용한다면, 상충하는 과학적 주장을 기반으로 자사의 업적을 과도하게 홍보하려는 유혹을 없앨 수 있다고 생각한 것이다.

　지속 가능한 의류 연합은 회원사의 성과에 순위를 매기지 않는다. 히그 지수 역시 회원사의 성과를 비교하지 않는다. 하지만 비랩(BLab)은 다르게 운영된다. 비랩의 'B 임팩트 평가(B Impact Assessment, BIA)'는 기업의 환경, 사회적 성과를 1~200점의 척도로 평가한다. 기업의 지배구조와 이해관계자(직원, 고객, 지역사회, 환경)에 대한 대우를 기반으로 하는 이 점수는 일반에 공개된다. 초기 자체 평가에 참여한 기업(2023년 현재 15만 개 기업)의 평균 점수는 55점이었다. 비콥(B Corp)이라는 인증을 받으려면 80점을 넘어야 한다. 이 평가는 지난 10년 동안 더 엄격해졌기 때문에 오로지 배지에만 관심을 둔 기업에게는 녹록한 일이 아니다.

　비랩의 창립자들이 처음 제안했을 때만 해도 우리는 신청을 망설였다. 비랩은 '기업이 선한 영향력을 발휘하게 하자'는 목표로 뭉친 세 명의 대학 친구가 만든 비영리기업이다. 그중 두 명은 농구화 회사를 시작했다 매각한 경험이 있었다. 그들은 파타고니아처럼 자신들이 사회와 환경에 미치는 부정적 영향에 대해 알게 되면서 기존의 사업적 관행을 바꾸기 위해 애썼다. 회사를 매각한 후 새로운 소유주가 기존의 관행을 채택하는 데 실망한 그들은 자신들과 같은 뜻을 가진 다른 기업가들이 그 뜻을 고수하는 데 도움을 주기로 결심했다. 농구화 회사는 망했지만 비랩은 번창하고 있다.

우리는 권유를 받았지만 정중히 거절했다. 우리에게는 우리 제품이 그 수명 동안 미치는 영향을 평가하는 데 도움을 줄 평가 도구가 아직 없었기 때문이었다. 그 무렵 우리는 '발자국 연대기' 작업을 막 시작한 단계였다. 우리 자신의 관행에 대해 우리가 한 일과 몰랐던 일, 자랑스러운 일, 바꾸고 싶은 일의 윤곽을 이제 막 그리고 있었다. 그리고 이미 공정노동협회의 출범을 도왔고 공급망 전반에 걸쳐 노동 관행과 환경 관행에 대한 여러 가지 감사 자료도 제출하고 있었다. 직물에 사용되는 화학물질에 대해서도 블루사인 표준을 채택한 상태였고, 양모와 오리털 의류의 책임 있는 생산과 재생 유기농업에 대한 기준을 만드는 것도 돕고 있었다. 우리는 그것들 외에 비랩이 더 필요한 이유를 찾지 못했다.

파타고니아는 비랩의 창립자들이 비콥 인증을 받은 기업에 '베네피트 기업'의 지위를 부여하도록 주 의회를 설득하기 시작한 후 가입을 결정했다. 베네피트 기업은 기업의 핵심 가치와 약속을 기업 헌장과 정관에 명시하고, 특히 기업 설립의 가치관이 위험에 처했을 때(특히 매각 시점에) 그 약속이 지켜지도록 법적 의무를 부여한다. 우리는 2011년 비콥으로 인증을 받았으며, 캘리포니아주가 베네피트 기업의 지위를 부여하는 7번째 주가 된 2012년 1월 1일, 말린다와 이본은 최초로 서류에 서명을 했다. 이본은 이 자리에서 넥타이까지 맺다.

초기에 우리는 비콥이 되는 데 따르는 예상치 못한 몇 가지 중요한 이점을 발견했다. B 임팩트 평가 도구는 임금을 가장 많이 받는 직원과 가장 적게 받는 직원 간의 급여 격차부터 주차장의 투과성 콘크리트 사용에 이르기까지 우리의 업무와 영향에 대한 유일한 총체적 평가를 제공했다.

또 다른 혜택은 당시 사명 선언문의 세 번째이자 마지막 조항 "우리는 최고의 제품을 만들되 불필요한 환경 피해를 유발하지 않으며, 환경 위기에 대한 공감대를 형성하고 해결 방안을 실행하기 위해 사업을 이용한다"를 공유한다는 것이었다. 비콥은 공동체를 조성했다. 이제 우리는 사회적, 환경적 책임을 인식하고 이를 실천하기 위해 노력하는 기업들과 함께 나아갈 수 있게 되었다.

한 기업의 행동은 다른 기업에게 영감과 용기를 주고, 소유주나 관리자는 공동의 문제 해결을 위해 동료 비콥 기업에게 조언을 구할 수 있다. 협력과 더불어 선의의 경쟁도 이루어진다. 파타고니아는 꾸준히 비콥의 상위 5퍼센트에 자리하고 있다. 2023년 최근 두 번의 점수는 150점 이상으로 가입을 위한 기준점 70점을 크게 상회했다. 하지만 비누 회사 닥터 브로너스의 점수는 무려 206.7점으로, 우리는 그들이 알고 있는, 하지만 우리는 아직 발견하지 못한 것을 찾아내기 위해 애쓰고 있다.

현재 비콥의 수는 159개 산업, 89개국에 6,400개가 넘는다. 비콥에는 메이커스 마크, 다농 노스 아메리카, 나투라, 네스프레소 등이 포함되어 있다. 비랩은 법적으로 허용되는 모든 곳이라면 참여 기업들이 베네피트 기업이 될 것을 의무화하고 있다. 현재 미국 45개 주와 프랑스, 이탈리아, 콜롬비아, 에콰도르에 다양한 베네피트 기업 관련법이 있으며 특히 유럽, 라틴 아메리카, 카리브해 지역에서 이 운동이 빠르게 성장하고 있다.

활동가 지원에서 활동가 기업으로

파타고니아는 활동가 기업이 되기 훨씬 전부터 활동가들을 지원해 온 기업이다. 매년 매출의 1퍼센트를 풀뿌리 환경단체에 기부하고, 카탈로그와 웹사이트에서 많은 공간을 환경 교육에 할애해 야생동물 이동 통로의 필요성, 개방형 그물망 양식 연어의 진실, 바다가 맞이한 역경, 수력발전이 환경에 미치는 악영향 등 다른 곳에서는 조명을 받지 못하는 사안들을 주로 다뤘다. 직접 행동에 나서기도 했다. 우리는 2년마다 '환경을 위한 투표(Vote the Environment)' 캠페인을 실시해 시민들이 환경 위기를 인식하고 이 문제를 해결하는 방향으로 투표권을 행사하도록 독려했다. 2010년대부터는 자연계(그리고 자연에 대한 인간의 경험)에 대한 책을 출판하거나 의미 있는 환경 캠페인을 홍보하기 시작했다.

2015년의 여러 가지 긍정적인 사건(파리 COP21 기후협약, 유엔 지속가능발전목표 채택, 프란치스코 교황 회칙 「찬미받으소서」의 발표 등) 이후

2016년 도널드 트럼프의 대통령 당선은 우리에게는 찬물을 뒤집어쓴 것과 같은 사건이었다.

우리는 유타주 산후안 카운티 소재 190만 에이커(약 7천 6백 제곱킬로미터)의 베어 이어스 지역을 연방정부의 보호구역으로 만들기 위한 노력에 약 2백만 달러를 지원했다. 이 지역은 다섯 개의 원주민 부족들이 신성시하는 10만여 개의 유적지가 있으며 자연의 아름다움과 문화적 중요성이 특별한 곳이다. 한때 너무 외져서 개발하기 힘든 곳으로 여겨졌던 이 지역에 석유, 가스, 광산 회사들이 관심을 보이기 시작하자 버락 오바마는 대통령 임기 말에 135만 에이커(약 5천 제곱킬로미터)를 베어 이어스 국가 유적으로 지정했다.

11개월 후, 트럼프는 이 보호구역의 규모를 85퍼센트 줄이고 인접하지 않은 두 부분으로 나누었다. 곧이어 너무나 쉽게 우라늄, 바나듐 광산의 재개 제안이 나왔다. 세 개의 개별 단체가 미국 국가유물관리법 위반으로 행정부를 고발하는 소송을 제기했다. 파타고니아는 그중 한 소송의 원고였고, 이 세 개의 소송은 결국 하나로 병합되었다.

우리는 토마스 화재(2017년 12월 캘리포니아 남부에서 발생한 여러 산

────➤

유타주 산후안 카운티. 2021년 10월 8일 바이든 대통령은 디네족(Diné, 나바호족이라고도 한다-옮긴이)이 신성시하는 신들의 계곡(The Valley of the Gods)을 베어 이어스 국가 유적(Bears Ears National Monument)으로 복구했다. 사진: 마이클 에스트라다

불 중 하나로 벤투라와 산타바바라 카운티에 영향을 미쳤다-옮긴이)로 사업장 운영이 중단되었던 주에 정부를 상대로 소송을 제기했다. 불은 산등성이에서 산등성이로 80킬로미터에 걸쳐 번져 2주 동안 현지 직원 대부분이 사는 세 지역(벤투라, 산타바바라, 오하이)을 위협했다. 본사 캠퍼스는 연기로 2백만 달러 이상의 피해를 입었다. 현지 직원의 75퍼센트 이상이 화재나 연기로 인해 일시적으로 거처를 잃었고, 일부는 3개월 후 몬테시토에서 23명의 목숨을 앗아간 심야의 산사태로 인해 살 곳이 없어지는 일을 겪었다.

화재가 계속되는 동안(하루는 벤투라, 다음 날은 산타바바라, 또 다음 날은 오하이, 다시 벤투라로) 재고 관리, 재무, 물류, 생산을 담당하는 직원들은 노트북을 들고 한 동료 집 주방에 모여 일을 하다가 화염과 연기가 가까워지면 다른 마을에 있는 안전한 다른 동료 집 주방으로 이동했다. 이런 일시적인 조치들은 COVID-19 봉쇄 기간 3년 동안 일상이 되었다.

연방법원에서 베어 이어스 소송이 진행되던 중 조 바이든이 대통령으로 당선되었다. 그는 취임 첫날 트럼프의 결정을 재검토하라고 지시했고 10개월 후 베어 이어스 유적은 본래의 크기를 되찾았다. 현재 베어 이어스 부족 간 연합(Bears Ears Inter-Tribal Coalition)은 아직 유적지에 포함되지 않은 60만 에이커(약 2천 제곱킬로미터)의 생태계를 보호하기 위해 노력하고 있다.

우리는 활동가를 지원하는 기업에서 활동가 기업으로 전환하면서 환경상의 불의와 인종 소외, 소수의 부를 늘리기 위한 농촌 공동화에 대해 더 많은 것을 알게 되었다. 그리고 더 이상 야생과 사회, 어느 한쪽의 희생을 강요하는 해법을 추구할 수 없으며, 그 반대의 경우도 마찬가지라는 것을 깨달았다.

이런 깨달음에는 대의를 옹호하는 일에 대한 근본적인 재고가 필요하다. 민주당이든 공화당이든 정치인들은 전통적으로 지구의 건강보다는 기업의 이익을 지지한다. 공화당은 자본가들이 적절하다고 생각하는 방식으로 돈을 벌 수 있도록 그들의 권리를 옹호해 왔고, 민주당은 노동자가 채굴업과 오염 산업에서 보수가 좋은 일자리를 얻을 수 있는 권리를 옹호해 왔다. 지구는 이들 양쪽 모두로부터 피해를 입고 있다.

환경주의자들과 보전주의자들은 지구보다는 야생의 아름다움과 자연의 온전함을 지키는 데 매달리는 경향이 있다. 극단적 보전주의자들은 사람들이 어떻게 생계를 유지하는지는 걱정하지 않는다. 그들은 여전히 야생이라고 이름 붙일 수 있는 지역 안팎의 자연 시스템 파괴로 인해 가장 먼저, 가장 큰 고통을 받는 것이 농촌과 도시의 가난하고 소외된 사람들이라는 점을 걱정하지 않는다.

자연계의 쇠퇴를 역전시킴과 동시에 인류의 복지를 증진하는 행동이 필요하다. 그러나 우리가 가진 시간과 돈은 제한적이다. 그렇다면 어떻게 나아가야 할까?

드와이트 아이젠하워 장군은 제2차 세계대전 당시 유럽 전역에서 전략과 병참을 책임졌으며, 여기에는 연합군이 승기를 잡도록 한 노르망디 상륙작전도 포함된다. 성공의 비결을 묻자 아이젠하워는 "저는 해결할 수 없는 문제에 부딪힐 때마다 그 문제를 더 크게 만듭니다. 문제를 작게 만들려고 애쓴다면 그것을 결코 해결할 수 없습니다"라고 답했다. 비즈니스와 정부의 전략도 마찬가지다. 이익과 목적, 인간과 지구의 건강 사이에서 타협을 봐 환경 위기를 작은 문제로 만들려 한다면 실패할 것이다.

2018년에 이본이 파타고니아 직원들이 깊은 유대감을 느끼고 있던 파타고니아의 첫 사명 선언 '우리는 최고의 제품을 만들되 불필요한 환경 피해를 유발하지 않으며, 환경 위기에 대한 공감대를 형성하고 해결 방안을 실행하기 위해 사업을 이용한다'를 단순화시킨 것도 문제를 더 크고 분명하게 만들자는 뜻이 있었기 때문이었다. 그는 이 원칙의 정수를 뽑아 내 '우리는 지구를 되살리기 위해 사업을 한다'로 바꾸었다. 이제 환경보호주의는 단순한 보호가 아닌 되살리고 회복하는 일이 되었다.

희망의 씨앗, 컨자

표토는 전 세계를 먹여 살리고 공기 중의 탄소를 원래 속한 땅으로 끌어들이는 '검은 황금'이다. 그레이트플레인스(Great Plains, 북아메리카 대륙 중앙에 남북으로 길게 뻗은 고원 모양의 대평원-옮긴이)의 비옥한 표토는 한때 그 깊이가 6피트(약 1.8미터)에 달했다. 1870년대부터 시작된 곡물 수출은 미국의 산업화와 현대 사회의 시작에 필요한 자금을 댔다. 전 세계 대부분이 그렇듯, 그레이트플레인스의 표토는 이제 몇 인치에 불과하며, 한 세기 반 동안의 단일 경작, 산업화 농업으로 황폐화되었다.

파타고니아는 그레이트플레인스의 복원을 평생의 과제로 삼고 있는 농학자 웨스 잭슨과 오래전부터 친구였다. 웨스는 우리에게 2000년대 초반 그가 교배한 밀싹 컨자(kernza)에 대해 이야기해 주었다. 컨자는 뿌리가 지하로 6피트 이상 뻗어 나가 미생물과 곰팡이가 자연 혼자의 힘으로 하는 것보다 훨씬 빠르게 표토를 회복할 수 있는 완벽한 환경을 만든다. 다년생 식물인 컨자는 매년 심을 필요가 없으므로 논밭을 가는 일을 최소화할 수 있다. 토양이 다시 건강해지면 자연적이든 그렇지 않든 훨씬 적은 물과 자원이 필요하다. 그리고 건강한 토양은 대기 중의 탄소를 흡수하고 유지해 열대우림 벌채로 인해 손실된 탄소 포집량을 보충할 수 있다.

"정말 좋은데요!" 우리가 말했다. "컨자는 어디서 살 수 있나요?"

"아, 컨자는 살 수 없어요." 웨스가 말했다.

"왜요?"

"키울 사람이 없어요."

"왜죠?"

"시장이 없어요. 팔 수 없는 것은 키울 수가 없죠."

무슨 말인지 이해한 우리는 오리건주 포틀랜드의 한 양조장과 협

력해 컨자를 주원료로 하는 맥주 '롱 루트 에일(Long Root Ale)'을 만들었고, 미네소타의 한 농부와 100에 이커의 컨자 재배 계약을 할 수 있었다. 이 맥주는 매진되었다. 이후 더 많은 컨자를 심어 현재 파타고니아 프로비전(Patagonia Provisions)에서 나오는 파스타에 재료로 사용하고 있다. 그 이후로 파타고니아보다 훨씬 큰 규모의 시리얼 회사들이 자체적으로 탄소 감축 농업(carbon farming, 이산화탄소를 토양에 흡수시켜 토질을 개선하고 탄소의 배출을 최소화하는 농업 방식-옮긴이)을 시행하기 위해 더 많은 컨자를 주문했다.

2011년에 출범한 파타고니아 프로비전은 전 CEO 로즈 마카리오가 대차대조표에서 '콩알'이라고 부를 정도로 작은 회사였다. 하지만 컨자의 작은 성공은 프로비전의 나침반 역할을 했다. 모든 신제품은 식량 시스템 문제를 해결하는 데 도움을 줄 수 있었다. 또한 영양이 풍부하고 맛도 좋으며 토양, 강, 바다 등 생명의 원천을 개선할 수도 있었다.

←

루크 피터슨이 미네소타주 매디슨에서 컨자 식물의 뿌리 깊이를 측정하고 있다.
사진: 에이미 쿰러

우리는 로데일 연구소(Rodale institute), 닥터 브로너스와 협력해 토양 건강에 집중하는 재생 유기농업에 대한 새로운 인증 절차를 만들었다. 이 인증은 건강한 농장 노동자와 지역사회, 21세기 동물 복지 기준 없이는 토양을 잘 돌볼 수 없다는 것도 인식하고 있다.

롱 루트 에일의 탄생 스토리는 기업이 모든 결점에도 불구하고 다른 사회 부문이 할 수 없는 방식으로 굉장히 선한 일을 할 수 있다는 점을 상기시켜 준다. 어떤 활동을 하려면 정부는 세금이라는 형태로, NGO는 기부자를 통해 지원을 받아야 한다. 그러나 기업은 어떤 규모의 활동도 자립적으로 할 수 있다.

틴 쉐드 벤처

2013년, 파타고니아는 사업을 이용해 환경 피해를 줄이고 기후 위기를 해결하는 기업(주로 스타트업)에 투자하는 소규모 펀드 '틴 쉐드(Tin Shed, 파타고니아가 시작된 함석 오두막 대장간)' 벤처를 만들었다. 이 펀드는 (파타고니아 프로비전과 함께) 익숙한 의류 사업에서 탄생한 괄목할 만한 진보였다. 우리는 틴 쉐드를 통해 슈퍼마켓 폐기물을 연료로 사용하고, 어망을 모자챙으로 사용하고, 재킷과 스웨터에서 나온 오리털을 세척하고 재활용하는 등의 유망한 혁신을 발견했다.

틴 쉐드는 재생 유기농업과 식량 공급, 생물 다양성 모니터링과 회복, 공급망 개선이라는 세 가지 관심 분야에 초점을 맞추고 있다. 우리는 우리가 존중하는 가치관을 가지고 우리가 존중하는 경영자가 운영하는 기업에 장기적으로 투자한다. 5년 내에 수익을 내라고 요구하지도, 미리 '투자 엑시트 전략'을 세우지도 않는다. 이런 방식이 아닌 투자는 유망한 기업이 책임 있는 경로를 벗어나거나 조기 매각에 나서게 만들 수 있기 때문이다.

최전선 환경 정의와 인종차별반대주의

자신들의 땅과 지역사회의 건전성을 위해 싸우는 소수자 그룹과 함께 일할수록, 우리는 지구를 구하려면 어디에 살든 어떤 인종이든 어떤 계층이든 모든 사람들의 도움이 필요하다는 것을 깨달았다. 우리 회사의 기부금 위원회는 환경 파괴와 오염의 영향을 받는 소외된 지역사회를 지원하기 위해 '최전선 환경 정의(front-line environmental justice)'를 자체 카테고리로 추가했다.

그런데 내부적으로도 해야 할 일이 많았다. 최근까지만 해도 샘플실이나 육아 부서를 제외하면 벤투라 캠퍼스에서 일하는 유색인종은 거의 없었다. 미국과 유럽에서 홍보 대사로 활동하는 선수들(우리 홍보 영상이나 저널과 웹사이트에 등장하는 얼굴들)은 대부분 백인이었고, 활동가 역량 강화 컨퍼런스에 초청된 환경 지원금 수혜자들도 마찬가지였다.

2020년 여름, 조지 플로이드 사망 사건(미니애폴리스에서 경관의 과잉 진압으로 흑인 남성이 사망한 사건-옮긴이)과 COVID-19 팬데믹의 여파로 파타고니아의 직원들은 관리자들에게 채용과 웹사이트에

서 인구의 다양성을 더 잘 반영해 달라고 요청했다. 그들은 회사 캠퍼스에 백인이 인구 기반보다 훨씬 많은 상황을 이야기하며 암묵적인 편견에 대해 더 의식할 것을 촉구했다.

우리는 공급망 내에서 일하는 근로자의 생활임금을 보장하는 것을 지지해 왔다. 하지만 이제는 소매업, 카페, 보육업에서 일하는 직원을 포함한 모든 직원에게 생활임금을 보장하고 있다. 그리고 채용이 재개되면서 더 많은 유색인종을 더 큰 책임을 맡는 자리에 앉히기 시작했다. 또한 회사 내 여러 새로운 커뮤니티 그룹의 조언을 받아 업무 문화에 새롭게 입문한 사람들이 환영받고 소속감을 느끼며 인정과 승진의 기회를 동등하게 누릴 수 있도록 했다. 웹사이트에는 백인, 이성애자, 시스젠더(cisgender, 생물학적 성과 성 정체성이 일치하는 사람-옮긴이), 젊은 사람이 아닌, 우리가 사랑하는 스포츠를 사랑하는 모든 사람들의 이야기를 담았다.

우리는 30년 동안 '품질, 진정성, 환경보호, 탈관습'이라는 네 가지 핵심 가치를 공유해 왔다. 마지막 가치관은 언제나 직원들 사이에서 가장 인기가 좋았다. 이제 직원들은 이 네 가지 가치관에 정의, 형평성, 반인종주의라는 새로운 가치관을 추가했다.

시민, 소비자, 생산자

사회의 구성원인 우리는 모두 시민이자 소비자이며 생산자다. 우리는 시민으로서 폭군을 제거할 수 있다. 우리는 소비자로서 기업이 시장에서 거둬들여야 할 쓰레기의 구매를 거부할 수 있다. 그러나 가장 큰 차이를 만들 수 있는 것은 깨어 있는 소비자들에게 자극을 받는 생산자의 역할이다. 제품이 환경에 미치는 영향의 90퍼센트는 디자인 단계에서 결정되고, 폐기물의 3분의 2는 가정이 아닌 산업계에서 발생한다. 따라서 우리가 직장에서 하는 일은 몇 사람이 가솔린 SUV 차량을 전기차로 바꾸는 일보다 훨씬 더 큰 영향을 미친다.

+ + +

의미 있는 일이란 정확히 무엇일까? 우리는 재능이나 학력, 업무 능력과 관계없이, 말로 하는 일, 숫자를 다루는 일, 손으로 하는 일 중 무엇을 하든 관계없이 파타고니아에서 의미 있는 일을 한다. 그렇게 할 수 있는 것은 우리 회사가 자연과 사람에 대한 책임을 다하기 위해 최선을 다하기 때문이다.

우리의 일상은 한편으로는 평범하고 또 종종 지루하지만, 다른 한편으로는 자연, 공유지, 다른 노동자들에게 부당한 피해를 주지 않으면서 사회에 유용하고 즐거운 것을 제공하려는 노력이 담겨 있다. 파타고니아의 모든 직원은 책임감을 가지고 한 걸음씩 나아가고, 무언가를 배우고, 다시 한 걸음을 더 내딛는 방법을 알고 있다. 많은 공급업체와 고객들도 이런 개선의 과정에 관심을 갖고 적극적으로 참여하고 있다. 우리를 가장 깊이 몰입하게 하는 것은 우리에게 활기를 준다. 만족감을 느끼는 생기 있는 직원은 좋은 사업을 가능하게 하고, 사업을 번창하게 한다.

3

책임경영 기업의
5가지 요소

이본은 종종 "옳은 일을 할 때마다 돈을 벌게 된다"고 유감스
러운듯 말하곤 했다. 잘못된 일을 거부할 때마다 스스로에게
부과한 제약으로 인해 혁신을 일으키게 되었고, 그 결과 그렇
지 않았다면 개발하지 못했을 제품을 만들어 냈다는 뜻이다.
유기농 면 의류, 율렉스 웻수트, 버려진 어망으로 챙과 테두리
를 만든 모자와 재킷의 경우가 그렇다. 이런 혁신 덕분에 우리
는 새로운 고객과 좋은 평판을 얻었고 사업도 자리를 잡았다.
　파타고니아는 하나의 실험이었다. 하지만 지금과 같은 예
상하기 힘든 급격한 변화의 시기에는 모든 사업이 실험이 된
다. 인류가 생계를 잇는 방식은 항상 변화한다. 확실한 것은
고객을 유지하고 새로운 친구를 만들고자 하는 21세기의 모

←

캘리포니아 벤투라 본사 테이블에 앉아 있는 파타고니아의 웻수트 디자이너 허브 허바드. 사진:
팀 데이비스

든 기업은 제품의 환경적, 사회적 성과를 개선해야 한다는 점이다. 제품이나 서비스가 자신이나 자녀에게 해가 되지 않는지, 제품이 그것을 만드는 노동자나 지역사회 혹은 시추, 채굴, 양식, 저장되는 장소의 생태계에 피해를 주지는 않는지, 제품이 그것이 유발하는 사회적, 환경적 비용만큼의 가치가 있는지 알고 싶어 하는 고객들이 늘어나고 있다. 물론 모든 제품에는 나름의 사회적 혜택이 있을 것이다. 하지만 유기농 씨앗이나 분뇨 퇴비를 판매하지 않는 한, 우리 모두가 일터에서 하는 일은 지구에 돌려주는 것보다 지구로부터 빼앗는 것이 더 많다.

지금처럼 생존이 위협받는 시기에는 인간의 필요를 충족시키면서도 내구성과 지속 가능성을 갖는 물건을 만들어야 한다. 적절한 양의 식량을 생산하고 전략적으로 분배해 낭비를 피해야 한다. 미국에서 생산되는 음식의 절반은 먹지 않고 버려진다. 대부분의 옷은 수명을 다하지 못하고 버려진다. 아직 어떤 산업 경제 시스템도 파내서 쓰고 버리는 모델에서 벗어나지 못하고 있다. 투자자이자 환경보호론자인 릭 코는 "우리는 '쓰레기를 채굴'해 우리가 필요로 하는 것으로 바꿀 수 있다"고 말한다. 우리는 추출 경제에서 자연 시스템과 인간 공동체를 재생하는 경제로 전환할 수 있다.

많은 기업들이 변화하기 시작했다. 일부는 평판을 보호하는 데, 또 다른 일부는 비용(에너지, 물, 폐기물, 공해에는 비용이 많이 든다)을 줄이는 데 목적이 있다. 직원들의 요구로 변화하는 기업도 있고, 글로벌 시장에서 경쟁하기 위해 미국보다 높은 유럽의 기준을 충족해야 해서 변화를 시작하는 경우도 있다. 또 새로운 시장을 개척할 기회를 찾는 기업들도 있다. 지금의 젊은이들은 건강한 유기농 식품을 원하고, 공공기관의 구매 담당자는 폐기물 보관함과 카페테리아 냅킨에 대한 새로운 환경 규정의 충족을 요구하기 때문이다.

모든 기업에는 성공에 이해관계가 있는 사업 파트너들이 있다. 한 이해관계자의 사회적, 생태적 발자국은 다른 이해관계자에게 영향을 미친다. 따라서 모두가 서로에게 영향을 줄 가능성(그리고 책임)이 있다. REI(야외 활동과 운동에 필요한 용품, 의류, 신발을 취급하는 미국의 소매 체인-옮긴이)는 파타고니아에게 재킷을 어떻게 만들지 지시할 수 없고 우리로부터 구매를 할 필요도 없다. 하지만 자신들의 매장에서 판매되는 재킷이 환경에 미치는 영향을 줄이는 데 관심이 있다면, 우리에게 관행 개선을 요구하거나 그런 관행을 따르는 다른 업체에서 물건을 살 수 있으며, 그렇게 해야 한다.

모든 기업은 단순히 월급을 받는 것이 아니라 자신이 하는 일에 만족감을 느끼는 것을 생득권으로 여기는 직원들의 마음을 얻어야 한다. 이런 상황은 10년 전보다 훨씬 더 부각되었다. 기업이 직원들의 충성심을 얻고 그들의 지적 능력을 온전히 활용한다면, 근로자들은 낡은 경제가 붕괴되기 전에 새로운 경제를 위해 어떻게 기반을 다지고 지붕과 벽을 올려야 할지 알아낼 것이다. 경쟁력 있는 급여나 인간적인 고용 정책만으로는 직원의 헌신과 신뢰를 얻을 수 없다. 모든 사람이 회사에서 일하면서 만족감을 느낄 수는 없는 일이다. 하지만 모두가 적어도 유용하다는 느낌을 받고 그중 일부는 하루 종일 일에서 활력을 느끼기도 할 것이다. 21세기에 성장한 직원들은 자신의 가치관을 개와 함께 집에 두고 오길 원치 않는다. 그들은 직장으로 온전한 자신을 데려온다. 대학 학자금 대출이 있는 사람들조차 고임금의 '나쁜' 회사에서 일하기를 포기하고 임금이 낮더라도 자신이 높게 평가하는 기업을 선호한다.

무엇이 책임경영 기업을 만들까? 대차대조표가 건전하고, 직원들의 복지 수준이 높고, 우수한 제품을 만들고, 지역사회에 선한 영향력을 행사하고, 자연을 보호하고, 거기에서 더 나아가 자연 시스템을 회복시켜야 할까? 우리는 책임을 다하는 기업이라면 이 모든 의무를 감당해야 한다고 생각한다.

기업이 책임을 어떻게 다루어야 하는지 알아보기 전에 오늘날 기업의 책임이 50년 전 또는 150년 전과 어떻게 다른지 이해하는 것이 도움이 될 것이다.

1860년의 책임경영 기업은 주주에게 수익을 돌려주고 약속을 지키며 장부를 투명하게 관리하는 기업이었다. 모든 작업의 5퍼센트만이 기계에 의해 이루어졌고 95퍼센트는 사람과 동물이 했다. 100년 후에는 상황이 훨씬 더 복잡해졌다. 1960년에는 이런 수치가 역전되어 전체 작업의 95퍼센트를 기계가 하게 되었다. 사람의 힘으로 제트기 한 대를 날리려면 70만 명의 근력이 필요하다. 기계는 우리와 동물이 할 수 있었던 것보다 훨씬 더 많은 일을 할 수 있게 해주었다.

그리고 1860년에서 1960년 사이에 기업이 피해를 끼쳤거나 사기를 쳤거나 대금을 지불하지 못했을 때 주주와 임원을 투옥 및 개인 파산으로부터 보호하는 유한책임이 입법화되었다. 한편 산업 국가에서 노조의 정당성과 힘이 커지고 진보적 정치 활동이 성장하면서 기업은 노동자에 대한 새로운 의무도 떠안게 되었다. 즉, 기업은 작업장의 건강과 안전을 책임지게 되었다. 미국과 유럽에서 그리고 이후 전 세계 대부분의 국가에서, 노동 시간 특히 여성과 아동의 노동시간을 제한하는 법이 제정되었다. 항상 시행되지는 않았지만 말이다.

1960년의 책임경영 기업(미국의 경우 IBM, 3M, 벨 앤 호웰, 커민스 엔진, 존슨 앤 존슨 등이 대표적 사례)은 규모가 크고 자금이 넉넉했으며 글로벌 기업으로 성장하고 있었다. 회계가 투명했고 공무원에게 뇌물을 주는 것을 싫어했으며 직원들에게 적절한 급여를 지급했다(단, 남성에게 더 많은 급여를 지급해야 일하지 않는 아내와 자녀를 부양하는 데 더 좋다고 생각했다). 직업 훈련, 일반 교육, 직장 내 안전을 위한 실질적인 프로그램을 유지하고, 내부 승진을 장려하고, 지역사회의 병원, 학교, 비전문 스포츠 활동을 지원했다.

당시 책임을 다하는 대기업의 위계는 명확하고 고정적이었다. 상위에는 남성이, 특히 미국과 유럽의 경우는 백인 남성이 있었다. 이들의 경영 철학은 명령과 통제로 많은 사람들 사이에 체계를 세우는 서구의 초기 모델, 즉 군대와 로마 가톨릭 교회에서 비롯되었고 거기에 제조업체를 운영한 헨리 포드와 조직 업무 효율 강화 컨설턴트 프레드릭 윈슬로우 테일러의 기여가 있었다. 지금도 그렇지만 당시 회사의 최고 경영진은 일을 그만두게 되면 정부에 몸을 담았다. 회사의 이사회 구성원들 역시 이해 상충의 가능성을 무시하고 주요 공급업체, 고객, 은행의 이사회 일을 동시에 했다. 회사는 노조와 때로는 적대적이고 때로는 협력적인 관계를 유지했다.

저학력, 저임금 직원의 생활 수준은 지금보다 높았다. 상당수의 직원이 회사 연금뿐 아니라 사회보장연금(다른 나라의 경우는 이에 상응하는 수당)을 기대할 수 있었다. 뉴딜 개혁 이후 미국 상업은행은 주 경계를 넘어 영업할 수 없었으며 비은행 사업체를 소유하거나 투자은행과 합병할 수 없었기 때문에, 당시의 대기업은 금융업체가 아닌 산업체일 가능성이 높았다. 기업은 규모가 크고 큰 권력을 가지고 있었지만 지금과 비교하면 미미한 수준이었다. 1960년 마지막 날의 다우존스 산업평균지수는 615였다.

지난 60년 동안 대기업은 인종, 성별, 연령 차별을 막는 새로운 규제에 직면했다. 미국, 유럽, 일본에서는 대기, 수질오염을 제한하는 새로운 환경법이 시행되었다. 하지만 기술이 급속도로 발전하면서 여러 종류의 일자리가 사라지고 많은 근로자가 직장을 잃었다. 한 연구에 따르면, 미국의 경우 사라진 제조업 일자리 6개 중 5개는 생산성 향상으로 인한 것이라고 한다. 나머지 1개가 사라진 것은 중국이 미국과 대부분 선진국의 산업 중심지가 된 데 따른 오프쇼링(offshoring, 아웃소싱의 한 형태로 기업들이 경비를 절감하기 위해 생산·용역 그리고 일자리를 해외로 내보내는 현상-옮긴이) 때문이었다.

다우지수가 1982년 1,000에서 2007년 14,000으로 상승하는 동안, 부의 엄청난 증가는 중산층보다는 소득 상위 10퍼센트에 해당하는 사람들에게 주어졌다. 미국과 영국에서는 특히 더 그랬다. 중산층의 실질 소득은 늘어나지 않았지만, 401(k) 계좌와 부동산을 보유한 사람들의 순자산은 증가했다. 소득이 정체되면서 맞벌이 가정이 일반화되었고, 한 부모 가정의 수는 줄어들었다. 은퇴자는 점점 많아지고 이들을 부양할 세금을 내는 근로자는 줄어들면서 유럽과 일본 등 대부분의 산업 선진국에서 사회 안전망이 약화되기 시작했다. 주주 우선주의를 옹호하는 기업에서는 고객, 직원, 공급업체, 지역사회, 환경에 대한 무관심이 강해졌다. 주가는 전부가 아니라 유일한 것이었다.

1970년대에 주요 환경법이 통과되면서 가장 눈에 보이는 척도(깨끗한 공기와 물)로 가늠한 선진국의 환경 건강은 개선되었다. 이제 로스앤젤레스 사람들은 여름날에 산 가브리엘 산맥을 볼 수 있게 되었다. 쿠야호가강에는 더 이상 불이 나지 않았다(미국 오하이오주 쿠야호가강은 산업폐기물과 기름으로 심하게 오염되어 여러 번 화재가 발생했으며, 가장 큰 화재는 1969년 발생했다. 이 사건은 환경운동을 촉발하고 미국

의 수질오염 방지법과 같은 환경보호법을 통과시키는 데 중요한 역할을 했다-옮긴이) 허드슨강과 케네벡강에는 소하 어류(anadromous fish, 산란을 위해 바다에서 하천으로 올라오는 물고기-옮긴이)가 돌아왔다(먹지 말라는 경고가 있긴 했지만).

하지만 온실가스 증가와 물과 토양 고갈 등 눈에 잘 띄지 않고 악취가 덜 나는 형태의 문제들이 악화되다가 결국 2010년대와 2020년대에 기온 상승, 폭풍우, 해수면 상승이라는 형태로 부각되었다. 현재 10억 명 이상의 사람들이 사막화의 위협을 받고 있는 지역에 살고 있다.

1860년 세계 인구는 약 12억 5천만 명이었지만, 1960년에는 30억 명으로 증가했다. 파타고니아가 사업을 시작한 1973년에는 인구가 거의 40억 명으로 늘어났다. 다시 50년이 지난 지금, 세계 인구는 80억 명이 넘는다.

미국 경제의 거의 3분의 2가 소비자 지출에 의존하고 있다. 이는 다른 선진국에 비해 높은 비율이다.《뉴욕타임스》의 부르주아 보헤미안 중도 좌파부터《월스트리트 저널》의 구시대적 강경 우파에 이르기까지 논평가들은 소비자 지출이라는 신과 그 성장의 복음에 경배한다. 하지만 무엇의 성장일까? 쇼핑몰의 어느 매장이든 들어가서 한번 둘러보라. 생계를 유지하려 서로에게 팔기 위해 생산하는 것의 대부분은 쓰레기다. 전자 관자놀이 마사지기, 개인용 산소기 등 그 어느 때보다 호화롭고 전문적인 상품부터 값싼 정크푸드와 몇 번 입고 버리는 의류까지 다양한 상품이 있다.

공산품에는 꼬리표에 적힌 가격을 넘어서는 비용이 따른다. 공구 세트, 가전제품, 안락의자 등 일용품의 대부분은 저렴하게 만들어지며 내구성이 없다. 물건들(스위치판의 커버, 뒤집개 등)의 대부분은 더 이상 쓸모가 없어진 후에도 환경에 남아 있는 버진 플라스틱으로 만들어진다. 게다가 이 모든 것들에는 값을 매길 수 없는 것이 담겨 있다. 하나는 인간의 지성과 정신이고 다른 하나는 숲이나 강, 토양에서 채취하는 빠른 대체가 불가능한 천연자원이다. 우리는 필요하지도 않고, 우리 자신이나 지구에도 좋지 않으며, 돈만큼의 가치도 없는 물건을 디자인, 생산, 소비하는 데 우리의 두뇌와 하나뿐인 자연을 낭비하고 있는 것이다.

자원은 점점 더 부족해지고 세계 인구는 점점 늘어나고 도시화되면서 저품질, 고소비의 시대는 저물어 가고 있다. 우리는 시간을 음미하고, 공공 공간의 중요성을 깨닫고, 균형 잡힌 합리적인 관점을 회복하는 방향으로 전환하고 있다. 따라서 21세기의 책임경영 기업은 더 나은 품질에 더 적은 수의 제품을 기반으로 경제를 구축해야 한다.

평생 가는 망치나 재봉틀을 만들고, 자전거를 더 가볍고 튼튼하게 디자인하고, 일본 요리사가 생선의 모든 부위를 사용하는 것처럼 낡은 다운재킷도 수명을 다할 때까지 재활용해야 한다. 진정한 사회적, 환경적 비용을 반영한 더 나은 물건이 더 적게 존재하는 세상에 살면, 우리는 오락의 한 형태로서의 쇼핑에 덜 이끌리게 될 수 있을 것이다. 그렇게 된다면 다른 깊은 관심사와 즐거움을 추구할 시간을 찾고 친구나 가족과 더 많은 시간을 보낼 수 있을 것이다.

물론 디스토피아적인 시나리오도 있다. 제프 베이조스나 일론 머스크는 지구의 황폐화를 피해 화성을 개척하고, 마크 저커버그는 우리를 집에 붙들어 두고 각자의 아바타들이 있는 메타버스에서 세상을 탐색하게 할 수도 있다. 메타버스에서 우리는 아바타에게 누구도 따뜻하게 해 주지 못하는 디지털 디자이너의 값비싼 옷을 입히고 가상이 아닌 진짜 신용카드로 결제한다.

이런 옷들은 직물로 만들어진 것이 아니지만 실제 비용을 부담해야 한다. 메타버스에 사용되는 인공지능(AI) 모델은 엄청난 양의 이산화탄소를 배출하기 때문이다. 세계적인 칩 부족 상황에서 메타버스는 반도체 부품을 확보하기 위해 전기자동차 업계와 경쟁하고 있으며 그 경쟁에서 이기고 있다. 또한 데이터센터의 에너지 소비와 탄소 배출량을 늘리고 있다.

디스토피아는 피할 수 없는 것이 아니다. 하지만 여러 명이 함께 주거중인 집을 재건하려면 동원할 수 있는 모든 지능과 탐색 기술이 필요할 것이다. 일부 사람들에게 큰 번영을 가져다 준 경제를 재봉틀을 돌리며 하루 한 그릇의 밥으로 살아가는 12살짜리 아이가 없는 경제로, 바다로 흘러가는 아시아의 강에 청바지 공장에서 나오는 진청색 물이 흐르지 않는 경제로 전환하려면 서로를 돌보는 데 전심을 다해야 한다.

소비는 하지만 지구와 인류의 복지가 쇼핑보다 우선시되는 포스트 소비주의 사회에서도 크고 작은 기업들은 필수적인 존재일 것이다. 우리는 계속해서 음식, 의복은 물론 재미와 게임을 필요로 할 것이며, 이를 제공하기 위한 생산 체계를 만들어야 한다. 또한 추운 날씨에 따뜻하게 지내고 더운 날씨에 시원하게 지내기 위해서는 여전히 에너지가 필요하다. 하지만 이제 우리는 우리가 만드는 모든 것의 진정한 비용(사회적, 생태적, 경제적 비용)을 이해하기 시작했다. 우리는 더 적게 만들어야 하며, 사회적, 환경적 비용을 더 잘 상쇄하기 위해 모든 것을 질이 높고 내구성 좋게 만들어야 한다. 우리의 목표는 단순히 비용을 줄이는 것이 아니라 자립적이고 재생 가능한 경제와 지구가 되게 함으로써 그 비용을 없애는 것이다.

우리가 가능한 한 적게 사용하기로 선택하는 맥락에서라면, 지속 가능성은 우리가 자연에 돌려줄 수 있는 것보다 자연으로부터 더 많은 것을 취하지 않는 것을 의미한다. 하지만 우리는 여전히 주는 것보다 더 많은 것을 취한다. 여전히 인간의 모든 경제활동은 지속 가능성이 없다. 파타고니아는 우리의 비즈니스 활동이 다양한 생명을 지탱하는 자연의 재생 능력을 방해하지 않을 때까지 지속 가능성이라는 말을 사용할 권리가 없다고 생각한다. 그 대신 우리는 '책임을 다하는' 기업이라고 말한다. 이는 추출적 경제가 아닌 회복적 경제를 위해 계속 노력하는 우리에게 가장 적절한 말일 것이다.

+ + +

이제 이 책의 핵심에 이르렀다. 이제부터 우리는 소유주 및 주주, 근로자, 고객, 지역사회, 자연이라는 다섯 가지 주요 이해관계자에 대한 비즈니스 책임의 요소를 설명할 것이다.

소유주와 주주에 대한 책임

50년 전, 이 책의 저자들은 벤투라 머츠 코티지 카페에서 함께 점심을 먹었다. 파타고니아 매장에서 한 블록 떨어진 이 값싼 식당은 수십 년간 인근 유전의 노동자들에게 비스킷과 그레이비를 팔아왔다.

점심을 먹고 있던 이본은 회사 사장이었고 한 달에 800달러를 받고 있었다. 이본의 조카로 당시 스물한 살이었던 나는 시간당 2.25달러를 받고 전화를 받고, 상자를 포장하고, 송장을 입력하는 일을 하고 있었다. 서핑을 하지 않는 나는 파도가 올 때면 사무실에 남는 두 사람 중 한 명이었다. 얼마 전 영업 관리자로 승진해 시급이 3달러로 인상된 나는 이본에게 물었다. "일단 그럴듯하게 들리긴 하는 데, 영업 관리자는 무슨 일을 하는 거예요?" 이본은 어깨를 으쓱하며 대답했다. "네가 알아내야지."

나는 머츠에서 점심을 먹는 동안 미국에서 의류를 팔면서 살아가기 위해서는 무엇이 필요한지 알아내 보려 애썼다. 나는 사람들이 진짜 기업이 되기 위해 해야 한다고 말하는 일, 즉 영업 담당자를 고용하고, 카탈로그를 발행하고, 무역박람회에 나가고, 광고를 몇 개 내는 일에 대해 이야기했다.

어느 순간 이본이 나를 보며 말했다. "내가 전문가들이 사업에 성공하기 위해 해야 한다고 말하는 것들을 모두 한다면 파산하고 말걸."

그 즈음 의류 업계에 있던 한 사람이 그 분야에서 돈을 버는 방법을 이야기해 주었다. 먼저 재단해야 할 곳을 보여 주는 원단 위의 종이 패턴을 제거한다. 이후 그 패턴을 구기거나 줄인 다음 다시 천 위에 올려놓고 재단을 한다. 이렇게 절약한 0.5퍼센트의 원단은 수익이 된다. 섬뜩한 조언이다.

이 책을 쓰며 책임경영 기업이 해야 할 일과 하지 말아야 할 일을 이야기하는 지금, 그 이야기가 다시 떠오른다. 사회적, 환경적 책임을 다하고자 하는 기업도 다른 기업과 마찬가지로 청구서를 제때에 지불해야 하는 기본적인 의무가 있다. 첫 번째 책임인 재정적 건전성을 충족하지 못하면 다른 책임을 다할 수 없다.

그렇다 해도 주주의 수익이 불법적이어서는 안 된다. 기업의 유일한 목적을 이윤 추구에 두는 것은 지구의 건강보다 기업의 건강에 더 좋지 않다. 주주가 끌어가는 과도한 이익은 직원, 시스템, 연구·개발에 대한 투자를 희생시키며, 기업은 그 격차를 메우기 위해 성장에 의존할 수밖에 없다. 그러면 장기적으로 기업의 건전성에 기여하고 동시에 인간과 지구의 건강에도 도움이 되는 품질이나 고객과의 관계보다는, 얼마나 짧은 시간에 얼마나 많은 경제활동을 할 수 있는지가 기업의 목표가 된다. 이익을 극대화하는 상장 기업에게는 주가 자체가 가장 중요한 상품이 되기 때문이다.

물론 대차대조표는 중요하다. 그것은 틀린 말이 아니다. 부채와 자산 사이의 균형을 잃은 사업을 한다면 관리자들은 회사의 필요를 충족하고 기회를 개발하기보다는 통제할 수 없는 혼란 속에서 이리저리 휘둘리게 된다. 기업이 창출한 수익이 비용보다 많은가? 직원이 생계를 이어갈 수 있을 만큼의 급여를 받고 있는가? 어려운 때를 대비해 충분한 자금을 마련해 두고 있는가? 재고의 흐름이 원활한가? 병목현상이 일어나고 있지는 않은가? 지출이 지나치게 많거나 또는 지나치게 적은 분야는 없는가?

무엇보다도 '제품 혁신에 투자하고 있는가?' 이 질문은 사회적 성과 개선과 환경에 미치는 영향을 축소하기 위해 노력하는 기업에게 특히 더 중요하다. 게으른 기업들이 하는 것처럼 비용 절감을 위해 공급업체의 출혈을 강요해 효율을 높이거나, 더 저렴하지만 환경에 유해하고 노동 착취적인 원료를 사용해 수익을 높여서는 안 된다.

여러분과 여러분 회사의 직원들은 올바른 방법으로 하는 올바른 일을 찾아내서 하되(필요하다면 점진적으로), 최종 목표인 제품의 품질을 높게 유지하면서도 지구를 포함한 이해관계자들을 만족시켜야 함을 잊지 말아야 한다.

하지만 오늘날에는 기업 건전성의 상태가 진짜 어떤지를 측정할 수가 없다. 대차대조표를 발명한 베네치아의 수도사 루카 파치올리(Luca Pacioli, 그는 레오나르도 다빈치에게 수학을 가르치기도 했다)는 현대 경제학자들이 '외부효과(externality)'라고 부르는 것을 고려하지 않았다. 외부효과란 누군가가 대가를 치러야 하는 기업이 하는 모든 일을 말한다. 외부효과에는 고용주가 기업을 이전할 때 지역사회에 미치는 영향이나, 기업이 대기 중 탄소 또는 해양에 쌓인 텍사스 크기의 플라스틱 쓰레기에 기여하는 것이 포함된다. 어떤 기업도 자신이 지역사회나 자연에 미치는 영향을 통계적으로 엄밀하게 측정하지 못한다.

지난 30년 동안 많은 유능한 사람들이 보다 포괄적인 지표를 개발하기 위해 노력했다. 경제학자 헤이즐 헨더슨은 매출뿐만 아니라 사회적, 환경적 성과를 추적하고 합산할 수 있는 국내총생산(GDP)의 재정의가 필요하다고 주장했다. 그러나 정부는 GDP에 추가되는 모든 것을 플러스로 계산한다. 그 생산품이 지뢰든 성경이든 말이다. 두 상품의 판매는 그 영향에 관계없이 모두 경제적인 플러스로 기입되는 것이다.

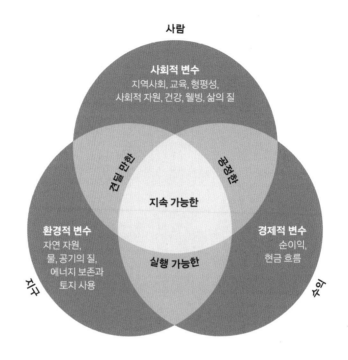

사람

사회적 변수
지역사회, 교육, 형평성,
사회적 자원, 건강, 웰빙, 삶의 질

견딜 만한

공정한

지속 가능한

환경적 변수
자연 자원,
물, 공기의 질,
에너지 보존과
토지 사용

경제적 변수
순이익,
현금 흐름

실행 가능한

지구

수익

지속 가능한 자본주의의 권위자로 불리는 존 엘킹턴은 1994년 헨더슨의 연구를 바탕으로 개별 기업의 수익(재무 자본)은 물론 사회적(인적 자본), 환경적(자연 자본) 성과의 지표를 측정하는 '트리플 바텀 라인(Triple Bottom Line, TBL)'이라는 용어를 만들어 냈다. 엘킹턴은 트리플 바텀 라인을 새로운 GDP의 정의에 통합할 수 있는 지표로 사용해 단순히 매출의 합이 아닌 세계의 진정한 경제 건전성을 나타내고자 했다. 엘킹턴의 아이디어는 큰 영향력을 발휘했다. 2007년에 유엔은 트리플 바텀 라인을 산업에 대한 정부 보조금의

←

헥티 기스트로와 그의 딸이 캘리포니아 벤투라의 파타고니아 웻수트 수선실에서 수선 작업을 위한 표시를 하고 있다. 사진: 카일 스파크스

실제 비용을 측정하는 공공 부문의 회계 표준으로 비준했다.

하지만 엘킹턴은 2018년 재평가가 필요하다며 자신의 아이디어를 '리콜'했다. 그는 지속 가능성이 기업의 유전자 코드가 되길 바라며 변화의 3중 나선을 제안했으나, 그 세 가지 요소가 '관행의 파괴, 지속 불가능한 부문을 적극적으로 배제하는 비대칭 성장, 차세대 시장 해법의 확장'으로 이어지지 못하고 정밀성 없는 마케팅 도구로 전락했다고 말했다. 기업은 재무적 영향은 나열할 수 있지만, 자신들이 더하거나 파괴한 사회적, 환경적 가치는 쉽게 나열할 수 없었다. 비재무적 요소는 엄격함과 보편적인 기준이 부족했다. 그 어려움을 과소평가해서는 안 된다. 우리는 500년 동안 복식부기를 사용해 왔다. 기업이나 국가가 자연과 공동의 자원에서 더하거나 뺀 것을 측정하는 방법을 배우고 합의한 것은 반세기도 되지 않는다. 아직까지 국가나 세계 경제는 물론 기업의 건전성을 전체적으로 측정하는 계산 장치(B 임팩트 평가를 예외로 할 수 있다)는 존재하지 않는다.

비콥 점수가 없을 경우, 책임경영 기업의 엄격한 회계 도구들은 재무 건전성만을 측정할 수 있을 뿐이다. 하지만 뉴욕 대학교 스턴 경영대학원의 텐시 웰란이 지적했듯이 이들 도구에도 결점이 있다. 현재는 장기 자산에 대한 자본 지출만이 상각 처리되기 때문에 그 비용이 단일 회계연도의 수익에 반영되지 않는다.

피톤에서 초크로, 일반 면화에서 유기농 면화로 전환하는 것을 시작으로 환경에 유익한 많은 조치들은 파타고니아에 한동안 손해를 안겨 주었지만, 이후 새로운 수익원이 되었다. 옳은 일을 하면서 돈을 벌 수 있었다. 다만 바로 다음 날부터 그렇게 된 것은 아니었다. 처음에는 이런 조치들을 기꺼이 감수할 만한 리스크라고 생각했지만, 돌이켜 보면 그것들은 위험을 무릅쓴 투자였다. 건물과 보육 차량에 대한 자본 소모는 상각할 수 있지만 새로운 보육 센터의 직원 인건비는 상각할 수 없다. 전체적인 직원 유지율과 참여도가 높아짐으로써 장래에 비용이 절감되리라는 예측은 할 수 있겠지만, 그런 항목은 예산에 수익을 깎아 먹는 비용으로 올라간다.

에너지, 물, 폐기물에 대한 환경 비용 절감은 수익을 늘리는 경우가 많지만 사회적 투자는 그렇지가 않다. 중요한 일의 대부분은 아직 측정이 이루어지지 않고 있다. 이 문제에 대해서는 다음 장에서 더 자세히 다룰 것이다.

한편, 기업들은 급여를 지급하기 위해 필요한 일이라면 무엇이든 할 것이다. 그러나 이제 기업은 사회와 환경에 미치는 영향에도 측정 가능한 가치를 부여해야 한다. 그렇게 하지 않으면 직원들의 사기가 떨어지고 '생태계 서비스'를 잃는 고통스런 결과를 맞게 될 것이기 때문이다. 좋은 인재들이 회사를 떠나고, 이용 가능한 담수가 줄어들면서 화석 연료의 가격이 올라가는 상황을 맞는 것이다.

직원에 대한 책임

책임경영 기업은 직원들에게 압력을 가하지 않는 세심한 관리, 재무 투명성, 부서 간 협력과 지속적인 프로세스 개선의 장려, 상부의 간섭이나 지연 없이 업무 흐름을 정리할 수 있는 자유, 불이익 없는 내부 고발 절차를 제공해야 한다.

전 세계로 그 영향력이 확대된 산업혁명은 경제가 자본주의 노선으로 조직되었든 사회주의 노선으로 조직되었든 노동을 '추상화'했다. 어느 시스템이든 직접 장비를 소유하거나, 최종 제품에 전적인 책임을 지거나, 자신의 생산성을 통해 이익을 얻는 고용주를 아는 노동자는 찾기 힘들다. 한편, 기업들은 대규모 제조를 위해 점점 더 많이 AI와 로봇에 의존하고 있다.

하지만 자동화된 공장에도 로봇을 운영할 사람은 필요하다. 생산성을 높이고자 하는 모든 기업에는 인간 직원의 충성심, 헌신, 창의성이 필요하다. 따라서 기업의 책임은 제품을 만들거나 판매하는 데 도움을 주는 공급망의 모든 사람에게로 확장된다.

직원들의 적극적인 참여를 이끌어 내고 관료주의로 인한 장애와 부담을 최소화하려면 대기업은 다양한 목적에 따른 다양한 규모의 생산적 작업 집단을 조직하는 가장 효율적인 방법을 찾아야 한다. 12명은 소규모 그룹이 최소한의 위계질서를 유지하면서 유대감을 형성하고 협력해 특정 과제를 달성하는 데 적합한 숫자다(배심원단, 부족의 사냥 집단, 군대의 분대 등을 생각해 보라). 인류학자 로빈 던바는 인간의 뇌가 처리할 수 있는 인간관계의 수를 기준으로 150을 공동체 결속의 마법의 수로 제시했다. 제조업체인 W. L. 고어 앤 어소시에이트는 새 공장을 지을 때 150대의 주차 공간을 둔다. 공장이 그 수용력을 넘어서면 새 공장을 짓는다. 마이크로소프트와 인텔도 여러 건물에 공장을 운영하고 있지만 건물당 직원 수는 150명으로 제한하고 있다. 공유 생활을 하는 후터파 교도들은 150명에 이르면 새로운 공동체를 형성한다. 군의 1개 중대는 80명에서 225명 사이로 이루어진다.

파타고니아에서는 여러 부서를 다른 층과 건물로 옮겼을 때 응집력이 달라지는 것을 발견했다. 인접성이 중요했다. 환경팀을 CEO 바로 옆에 배치하자 역동적인 변화가 생겼다. 당시의 CEO는 환경에 대해 많은 것을 배우고 환경문제에 더 헌신하게 되었다. 환경팀이 마케팅팀 옆으로 자리를 옮기자 스토리텔링이 개선되었다. 리셉션 근처에 어린이 놀이터를 둔 것은 큰 효과를 발휘했다.

하지만 한 부서가 동시에 여러 부서 옆에 있을 수는 없는 일이다. 그래서 파타고니아의 직원들은 카페에서, 점심시간에 운동을 하면서, 파타고니아의 보육 서비스를 이용하는 동료 부모들과 교류하면서, 부서 간의 관계를 돈독히 하고 지식을 교환하고 제품이나 기타 비즈니스 아이디어를 브레인스토밍한다. 자연스럽게 이루어지는 업무에 대한 대화를 과소평가하지 말라. 이런 대화는 의미 있는 진전으로 이어질 수 있다. 공식적인 회의실은 물론이고 직원들 두세 명이 소규모로 모일 수 있는 편안한 공간을 회사 곳곳에 마련하는 것이 중요하다.

파타고니아는 사업을 시작할 때부터 격식에 얽매이지 않는 소탈함을 장점으로 여겼다. 앞서 언급했듯이 파타고니아의 전신인 쉬나드 이큅먼트는 초기 산업혁명 시대를 연상시켰다. 대장간에는 드롭 해머, 모루, 석탄 화로, 알루미늄 초크를 뚫는 지그 등의 장비는 있었지만 출근 기록계나 조립 라인은 없었다. 여행은 많이 했지만 모두 가난했고 근근이 살아갔다. 한동안은 솔선해서 주 40시간 근무를 하는 사람에게 10퍼센트의 보너스를 지급했는데, 이는 불법으로 판명됐고 적발되어 중단해야 했다. 우리는 파티를 많이 했다. 허름한 작업장에는 안뜰이 있었고, 우리는 그곳에서 거의 모든 일을 양고기 바비큐와 맥주로 축하했다.

의류 회사가 되고 매출이 증가하면서 우리는 더 전문성을 갖춰야 했다. 그래서 초기에는 직원을 채용할 때 똑똑하지만 경험이 없는 젊은이들을 새로운 업무에 투입해 일을 잘 해낼 수 있는지 확인하는 과정을 거쳤다.

직원들의 경험이 부족한 점을 고려하면 꽤 많은 급여를 지급했다. 의무는 아니었지만 건강보험을 제공했고, 육아휴직을 도입했으며, 누구에게도 출근 복장을 강요하지 않았다(정장을 갖춰 입는 프로의 세계에서 온 신입사원은 어울리는 옷을 입는 방법을 배워야 했지만). 직원들은 일을 완수하기 위해 필요하다면 일찍 출근하거나 늦게 퇴근해도 좋다는 양해 하에 서핑이나 달리기를 하러 가거나 한낮에 긴 휴식 시간을 가질 수 있었다.

고용주로서 최악의 날은 1991년 직원 150명을 해고한 때였다. 우리는 2년 동안 너무 부주의하게 회사를 경영했고, 재고를 너무 많이 사들이고, 너무 적게 팔았으며, 너무 많은 사람을 고용했다. 은행은 기꺼이 확장 비용을 지원했으나 우리에게 이를 갚을 여윳돈이 없자 플러그를 뽑아 버렸다. 비용을 빠르게 줄여야 했다. 몇 주 동안 대안들(주당 근무 시간 단축과 급여 삭감 등)을 고려한 끝에, 우리는 정리 해고가 예상되는 흉흉한 분위기를 더 이상 질질 끌고 가지 말자고 결심했다. 그리고 직원의 20퍼센트를 같은 날 아침에 해고하기로 결정했다. 컨설턴트가 실행 계획에 대한 조언을 해 주었다. 직원들은 하루 종일 동료들이 해고 통보를 받고 집으로 돌아가는 모습을 지켜봤다. 10시쯤 되자 직원들은 관리자가 다른 동료 직원의 책상에 다가가기 위해 다시 사무실로 들어오는 모습이 보이면 의자를 돌려 앉기 시작했다. 나는 사람들을 해고하고 문밖으로 나가는 사람들에게 문서를 건네는 일을 했기 때문에 직원들의 표정을 똑똑히 기억한다.

정리 해고 직후, 남아 있는 직원들의 사기가 높아졌다는 고무적인 사실을 언급해야 하겠다. 매달려 있던 도끼가 떨어졌지만 남은 사람들은 아직 목이 붙어 있었다. 우리는 훨씬 더 진지해졌고, 성장에 취하지 않았으며, 더 집중했다. 우리는 회사를 재정적으로 건전하게 만들기 위해 무엇을 해야 하는지 알고 있었고 그렇게 했다.

이제는 규모가 어떻든 경기가 침체되었을 경우, 고용을 동결하고, 출장을 줄이고, 급여와 수당을 제외한 모든 유형의 비용을 줄이는 비상 계획을 시행한다. 우리는 9/11 직후와 같은 시기에 몇 차례 단기적으로 이런 조치를 취했다. 상황이 더 악화되면 보너스를 없앤다. 이 조치는 30년 동안 단 한 번 시행되었다. 상황이 나아지고 분배할 수익이 생기자 이듬해에 보너스를 소급해서 지급했다.

상황이 더 나빠지면 더 어려운 결정을 해야 한다. 우리 비용의 절반은 인건비다. 우리는 직원의 급여를 삭감하기 전에 매니저, 이사, 부사장, 소유주를 포함한 최고 경영진의 급여부터 줄인다. 이후 주당 근무 시간을 단축하고 그에 따라 급여를 줄인다. 최후의 수단으로, 가장 심각한 어려움에 처한 경우에만 다시 일반 해고로 회사의 규모를 축소한다.

이런 단계들은 보통의 경기 침체에 적용된다. COVID-19 팬데믹이 시작되고 캘리포니아 주지사가 모두에게 집에서 나오지 말라는 지시를 내리기 며칠 전 우리는 사무실과 매장은 물론 리노의 작업자들이 약 2미터 이상 떨어져 일할 수 있도록 공간과 시스템을 손볼 때까지 창고도 폐쇄했다. 미국 전체 셧다운은 7주 동안 이어졌다. 벤투라 사무실은 2년 동안 문을 닫았다. 2020년 여름 동안 우리는 다른 고용주들과 마찬가지로 해고한 매장 직원과 기타 직원, 근무 시간을 줄이고 급여를 적게 받은 직원들에 대한 정부 지원을 받을 수 있었다. 직원 대부분의 실소득은 동일하게 유지되거나 약간 감소했다. 대부분의 고임금 직원들은 일시적으로 급여의 3분의 1을 삭감했다. 그해 가을 정부 지원이 종료되자 우리는 일부 사무실 및 창고 직원에게 희망퇴직을 제안했다. 아직 매장을 다시 열 만큼 안전하지 않았기 때문에 재개장은 점진적으로 이루어졌다. 그동안 가능한 많은 매장 직원을 전자상거래를 위한 원격 근무 고객 서비스 담당자로 재배치했다. 다른 기업들과 마찬가지로 우리도 전자상거래 플랫폼을 통한 직접 판매가 급증했다.

팬데믹 이후, 우리는 대부분의 벤투라 직원에게 일주일에 3일의 사무실 출근 근무를 요구했다. 우리는 COVID-19 팬데믹 동안 우리 모두에게 유연성이 얼마나 더 필요한지 그리고 직접 대면하며 함께 일하는 것을 얼마나 그리워했는지 깨달았다.

다른 모든 기업이 그렇듯이 앞으로 다가오는 10년 동안 파타고니아는 직원과 동시대를 살아가는 모든 사람들에 대한 책임을 다하면서 동시에 기후 혼란, 오염, 물자 부족, 바이러스 등 새로운 '자연' 재난에 민첩하게 대처해야 할 것이다. 파타고니아는 우리를 위해서 일하고 제품을 생산하는 모든 사람에게 생활임금을 지급하기 위해 최선을 다하고 있다. 우리만이 아니라 모든 고용주는 생활임금을 지급하라는 근로자와 근로자 옹호단체의 압력이 점점 더 커질 것을 예상해야 한다. 그들이 원하든 원치 않든, 또는 그들이 그것을 옳은 일이라고 생각하든 아니든, 선택의 여지가 거의 없어질 것이다.

1960년대 후반까지만 해도 임금 근로자 한 명(보통 남성)의 연간 급여로 가족을 부양할 수 있어야 생활임금이라고 생각했다. 오늘날 미국의 경우 다양한 생활임금 방법론이 존재하지만 대부분은 두 명의 근로자가 4인 가족을 부양한다고 가정한다. 별로 대단치 않은 이 목표를 달성하려면 생산성을 더 높여야 한다. 그런데 생산성 향상의 대부분은 자동화를 통해 이루어질 것이고, 이로써 고용은 더 감소할 것이다. 더 많은 근로자가 더 나은 임금을 받게 되지만 한편으로는 더 많은 사람이 일자리를 잃게 되는 것이다.

농업과 수공업에서 노동 집약적인 현지 일자리를 늘리거나 주당 근무 시간을 단축하면 실업률 증가를 피할 수 있다. 최근 한 연구에 따르면 주 4일 근무제(파타고니아는 도입하지 않음)가 생산성과 사기를 높인다는 것을 보여 주었다. 정책 입안자들은 '부의 소득세(Negative Income Tax, NIT, 생계 수준 이하의 소득을 신고한 저소득층에게 직접보조금을 지급하는 것-옮긴이)' 또는 구조적으로 이와 대등한 '보편적 기본소득(Universal Basic Income, UBI, 정부가 자격 요건 없이 개인에게 반복적으로 지급하는 재정적 지원-옮긴이)'을 통해 도움을 줄 수 있다. 밀턴 프리드먼은 부의 소득세를 대중화했고, 프리드리히 하이에크, 대선 경쟁자였던 공화당의 리처드 닉슨과 민주당의 조지 맥거번이 이를 지지했다.

수년간 우리 회사의 인사·문화 팀을 이끌었던 딘 카터는 법률상 '임의적' 고용 관계, 즉 어느 쪽이든 고용 관계를 종료할 수 있는 고용주와 고용인 관계에서는 항상 고용주가 불균형한 힘을 갖는다고 언급한 적이 있다. 파타고니아에서도 마찬가지다. 파타고니아의 정책은 관대하고 인도적이다. 대부분의 직원들은 근무 시간에 서핑을 즐길 수 있다. 어린아이가 있는 관리자가 출장을 갈 경우 회사에서 도우미를 함께 보내고 유급 출산휴가와 육아휴직을 제공한다. 하지만 우리는 더 잘할 수 있다.

파타고니아가 우리의 고향 지구가 되살아나는 데 도움을 주고 기업으로서도 살아남기 위해서는 모든 직원들의 상상력을 자극하고 기업가 정신을 길러야 한다. 우리는 다음 10년 동안 존중, 호혜, 협력적 혁신에 더욱 중점을 두어야 한다. 더 많은 의사결정이 실제 일을 하는 일선에서 현명하게 내려져야 할 것이다. 그리고 지역사회에 봉사하는 옳은 일을 하기 위해 모든 인종과 다양한 경제적 계층의 사람들을 우리 팀으로 끌어들여야 한다. 우리 시대의 회사는 직원의 회사에 대한 존중 없이 장기적으로 성공할 수 없으며, 이는 직원을 존중함으로써 얻어지는 것이다.

고객에 대한 책임

책임경영 기업은 고객에게 고품질의 안전한 제품과 서비스를 제공해야 한다. 이는 기초 상품과 고급 상품 모두에 적용된다. 상품은 성능이 좋아야 하며 내구성이 좋고 수리가 쉽고 재활용이 가능해야 한다. 특히 건강과 환경적 혜택에 대한 마케팅은 더 책임감 있게 이루어져야 한다.

고객을 확보하고 유지하려면 어떻게 해야 할까? 첫째, 누군가가 사용할 수 있고 만족도가 오래 지속되는 제품을 만들거나 서비스를 제공해야 한다. 둘째, 고객으로 만들고자 하는 사람들에게 구애를 하되, 헛소리는 하지 말아야 한다. 1980년대에 스미스 앤 호컨을 운영하던 폴 호컨은 고객과 '그런 종류'의 관계를 맺고 싶지 않아서 광고를 하고 싶지 않다고 말했다. 그는 인쇄물이나 화면에서 광고가 만들어 내는 비현실적인 환경을 언급하며, 광고는 관련이 없는 개별 기업들이 동시에 각자의 메시지를 외치는 장소와 같아서, 특별한 물건 없이 향신료 냄새와 춤추는 뱀만으로 사람들을 호객하는 시장판과 다를 바가 없다고 꼬집었다.

1980년대 이래 상업은 크게 확장되었다. 마케팅은 더 시끄러워졌고, 더 복잡하고 전문화되었으며, 더 신뢰하기 어렵게 되었다. 쉽게 쓰고 버리는 제품이 많아지고 어설픈 제품이 자주 고장 나면서 소비자들은 좌절을 경험하는 일이 많아졌다. 심지어 문제를 해결할 권한은 없고 전화가 끊길 때까지 회사의 규칙만 반복하는 다른 나라에 있는 고객 콜센터 담당자만 상대하게 되었다.

값싼 노동력을 쫓는 경쟁이 종말에 다가가면서, 수준 미달의 제품과 서비스로 가격만 낮춰 고객을 끌어들이려는 경쟁도 끝에 가까워지고 있다. 지금은 누구나 온라인에 접속해 전 세계 어디에서든 가장 저렴한 가격을 찾을 수 있다. 또한 제품이나 서비스에 만족하지 못한 고객은 블로그에 글을 올릴 수 있고, 그 블로그에서 닭의 사육 방식이나 스웨트셔츠의 재봉 방법에 대해 의문을 제기할 수 있다.

고객을 향한 구애에 대해 할 이야기가 하나 더 있다. 영업과 마케팅은 어떻게든 고객의 욕망을 자극하려 애쓰지만, 기업은 고객이 구매하고 싶어 하는 제품을 정직하게 판매해야 한다. 마크 트웨인의 말을 빌리자면, 제품을 판매하기 위해 기업이 제시하는 이야기나 메시지는 그 대부분이 '사실'이어야 한다. 윤리적인 이유와 실용적인 이유 모두에서 말이다. 물론 기업은 고객에게 자신의 좋은 모습을 보여 줄 필요가 있으며, 연인과의 데이트를 위해 옷차림에 신경을 쓰는 것처럼 치장을 할 수도 있다. 실제의 것을 솔직하게 내보이는 스토리라면 이렇게 단장을 하는 측면에는 문제가 없다. 하지만 회사의 상품이나 서비스에 대해 거짓된 이미지를 만들어 내는 것은 조심해야 한다. 경쟁자, 활동가, 규제 당국에 의해 본모습을 감

세상에 하나뿐인 재킷. 콜로라도주 볼더 파타고니아 원웨어 팝업스토어에서. 사진: 컨 듀코트

추는 무대 연막이 빠르게 흩어지는 세상에서는 신비화가 더 이상 통하지 않는다. 신비화는 지구를 구하기 위해 필요한 전제 조건인 투명성과는 정반대되는 개념이다.

고객을 찾고 유지하는 데에는 많은 비용이 들며, 앞으로도 그 비용은 더 늘어날 것이다. 책임경영 기업은 고객을 회사가 제공하는 제품에 대한 애정을 공유하는 친구이자 대등한 사람으로 대한다. 고객에게 구애하기 위해 광고 노출 1000건당 비용(CPM)을 할당하고, 규모를 늘리고, 테스트를 할 수는 있다. 하지만 일단 관계가 형성되면 친밀감을 갖고 대해야 한다. 이 관계를 정량화하거나 단순한 거래로 축소하면 회사의 가장 중요한 자산인 신뢰를 놓치게 된다.

관계가 지속되는 기간은 고객이 필요로 하는 것을 더 많이 제공할 수 있는 회사의 능력과 고객의 지속적인 신뢰에 좌우된다. 책임경영 기업은 계속해서 자신의 입장을 이야기해야 한다. 제품이나 서비스가 왜 고객의 요구를 충족하는지, 어떻게 만들어졌는지, 얼마나 오래 사용할 수 있는지, 환경에 미치는 영향을 줄이면서 오래 사용하려면 고객이 어떻게 해야 하는지, 마지막으로 수명이 다했을 때 어떻게 해야 하는지에 대해 가능한 한 최선의 정보를 제공한다.

엠마누엘 파버는 다농 요거트, 에비앙 생수 등 대형 식품 브랜드들로 이루어진 파리 기반의 복합기업 다농의 CEO로 재직하는 동안 미국 자회사인 다농 노스 아메리카를 시작으로 회사 전체를 비콥으로 전환하기 위해 노력했다. 2017년 비콥 인증을 기념하는 행사에서 파버는 파타고니아의 "이 재킷을 사지 마시오" 광고가 비롯이 되는 일에 나서게 된 계기였다고 말했다. 그는 이 광고에서 본능이 아닌 가치를 근거로 고객에게 호소할 수 있음을 배웠다고 말했다.

지역사회에 대한 책임

지역사회는 회사와 가까운 곳에 살고 있는 사람들과 어디에 살든 회사를 위해 일하는 모든 사람들로 구성된다. 책임경영 기업은 사무실, 매장, 창고, 공장, 밭과 과수원 등 직원들이 업무를 위해 모이는 모든 곳에서 중요한 지역의 자산이다. 지역사회에 대한 기업의 의무에는 지역사회가 담당하는 서비스(학교, 도로, 공공시설, 보건과 안전)를 지원하기 위해 정당한 세금을 납부하는 것이 포함된다. 책임경영 기업은 현금 기부와 제품 또는 서비스의 현물 기부를 통해 시민사회를 지원한다. 현재는 파타고니아를 비롯한 많은 기업이 각 지사에 지역 기부에 대한 발언권을 부여하고 있다.

공급업체는 제품의 사회적, 환경적 성과를 개선하는 데 있어 중요한 동반자다. 공급망은 매우 복잡하게 연결되어 있기 때문에 공급망이 어떻게 움직이는지 알기는커녕 이해하기도 어렵다. 하지만 누가 어디서 무엇을 하는지 알면, 공급업체와 더 생산적으로, 현명하게 협력할 수 있다. 공급업체의 근무 조건과 환경에의 책무도 개선할 수 있다. 공급업체에서 일하는 사람들의 삶과 업무의 질이 곧 제품의 질을 결정한다.

전통적으로 책임경영 기업들은 오랫동안 지역사회의 병원, 학교, 예술 단체를 지원해 왔다. 또한 최고의 기업들은 자신들이 지역사회의 경제적 건전성에 미치는 영향을 인식하고, 영업 중단이 필요한 경우에도 일시에 문을 닫는 게 아니라 단계적으로 사업을 축소하고, 해고된 근로자에게 넉넉한 퇴직금을 제공하며, 실직자를 지원하는 지역사회 기관을 후원함으로써 충격을 완화하는 데 도움을 준다.

지역사회에는 회사가 하는 일에 관심을 갖고 있는 동종 산업 협회, NGO, 표준을 제정하는 기관, 비영리단체 및 기타 시민단체도 포함된다. 이러한 옹호 단체들은 회사의 관행에 문제를 제기할 것이다. 개별 시민 활동가들 역시 소셜 미디어를 통해 그렇게 할 것이다. 우호적이든 아니든, 회사와 관계를 맺는 사람들은 가장 넓은 의미에서 지역사회의 일부이므로 관심을 기울여야 한다. 점점 더 많은 기업이 사회적 및 환경적 성과를 서로 벤치마킹하려고 하므로, 동종 산업 협회와 제3자 검증 기관의 역할이 더욱 중요해질 것이다. 특히 규제가 엄격한 산업에서 제3자가 검증한 내부 또는 업계 전반의 측정 기준은 비즈니스와 규제 관행의 지속적인 개선에 필수적이다.

200년 동안 산업 자본주의는 시골과 도시 모두를 와해하고 불안정하게 만들었다. 상대적 번영이라는 자본주의의 유혹은 부와 여유를 약속하며 농민들을 도시로 끌어들였지만, 도시 빈곤과 의미를

그레이트 오스트레일리안만의 석유 시추에 반대하기 위해 바다로 나온 벨린다 백스와 그녀의 활동가 친구. 사진: 엠마 베클런드

찾을 수 없는 노동만을 선사했다. 농촌을 떠난 첫 세대에게는 특히 더 그랬다. 그리고 한 세대의 생활 수준 향상은 다음 세대의 생활 수준 향상을 보장하지 않는다. 후세대가 부모 세대에 비해 사회·경제적 지위나 생활 수준이 저하되는 상황은 성공 신화보다 훨씬 더 흔한 일이 되었다.

밀물은 배를 들어 올릴 수도 있지만 동네를 휩쓸고 지나가면 그 여파로 큰 상처가 남기도 한다. 미국인들은 이제 개발도상국에서나 볼 수 있는 수준의 불평등을 경험하며 살고 있다. 중서부 카운티들과 노후된 도심은 거의 버려진 상태인 반면, 특정 지역에서는 인기 있는 셰프가 운영하는 레스토랑에서 천 달러짜리 와인을 제공하고, 4인 가족이 20명이 살 수 있는 큰 집에 산다. 가난한 시골 지역의 지역민 상점들은 문을 닫았고, 마을의 '달러 스토어(dollar store, 다양한 물건을 염가에 취급하는 소매점-옮긴이)'나 고속도로 외곽의 대형 쇼핑몰이 그들을 대신했다. 도심의 가난한 지역에서는 엄청난 수수료를 내야 수표를 현금으로 바꿀 수 있고, 동네 식료품점에서는 신선한 과일이나 채소를 취급하지 않으며, 슈퍼마켓은 버스로 한 시간 거리에나 있다.

기업이 하는 일은 지역사회에 중요하다. 뿌리를 내리거나 철수하기로 한 기업의 결정은 팔로알토에서 그리니치, 디트로이트에서 서머나에 이르는 지역의 시민들에게 직접적인 피해를 주기도 하고 도움을 주기도 한다. 따라서 모든 기업은 이렇게 자문해야 한다. 우리는 어디에 있는가? 그리고 우리가 '고향'이라고 부르는 곳에 대해 우리는 어떤 의무를 갖고 있는가?

벤투라, 리노, 요코하마, 암스테르담 등 직원들이 밀집해 있는 곳 그리고 직원의 수는 적지만 전 세계 70여 개 매장이 있는 중요한 곳, 이 모두가 파타고니아의 고향이다. 우리는 각 매장에 지역 환경단체에 보조금을 지급할 수 있는 연간 예산을 마련해 현지화를 돕는다. 앞서 언급했듯이 수혜 대상은 직원들의 투표로 결정된다. 우리는 벤투라와 리노 이외에는 지역사회의 대규모 고용주가 아니다. 하지만 모든 지점에서 우리가 하는 일이 현지의 주택, 교통, 인프라, 물, 서식지에 어떤 영향을 미치는지 의식하고 있다. 지역 환경단체와의 관계 유지와 함께 해변과 개울 정화나 서식지 복원에도 참여한다. 온라인에서는 파타고니아의 액션 워크(Action Works) 플랫폼이 환경단체와 자원봉사 또는 기부를 원하는 현지 고객을 연결한다.

이제 우리는 선한 기업이 이해관계자들과의 협력을 통해 지역사회 내에서 상호 신뢰를 구축함으로써 지역 문제를 해결할 수 있다는 것을 알고 있다. 200년 동안 전 세계에 불균등한 부를 가져다준 착취적이고 단기적인 이윤을 포기하는 행동은 엠마누엘 파버가 말한 '본능이 아닌 가치'를 기반으로 상호 필요와 열망에 따라 새로운 부를 구축하는 것이다.

기업도 개인과 마찬가지로 지역사회에 책임을 다해야 할 권리가 있다. 위협당하고 있는 지구를 대신한 모든 행동은 우리를 인간답

브룩스산맥에서 북극해를 향해 북쪽으로 흐르는 홀라홀라강에서 피어오르는 아침 안개. 도로가 없는 알래스카주 북극 국립 야생동물 보호구역에서. 사진: 플로리안 슐츠

게 만드는 자유의 조건이자 표현이다. 기후 변화의 결과를 부정은 커녕 무시할 수조차 없게 된 지금, 우리는 돈만으로는 가뭄, 홍수, 산불로부터 누구도 완벽하게 보호할 수 없다는 것을 알고 있다. 돈만으로는 우리의 바다와 강, 토양을 건강하게 회복시킬 수 없다는 것도 알고 있다. 기업 주주들은 결국 마지못해 하이다족(Haida, 아메리카 인디언의 한 종족-옮긴이)의 지도자 제럴드 아모스가 '책임질 권리'라고 불렀던 것을 존중하고 실천하게 될 것이다.

자연에 대한 책임

자연은 우리의 운명을 결정하지만 제 목소리를 내지는 못한다. 적어도 우리가 들을 수 있는 목소리는 없다. 자연과 함께 테이블에 앉아 자연이 자신의 일을 완수하는 데 필요한 것이 무엇인지, 자연이 가장 중요하게 생각하는 것이 무엇인지 물어볼 수도 없다. 자연의 침묵 앞에서 기업은 '사전 예방 원칙(precautionary principle)'을 지켜야 한다. 현재 유럽연합을 비롯한 여러 나라에 법으로 규정된 이 원칙은 과학적으로 확실치 않은 경우 새로운 제품이나 기술의 안전성을 입증할 책임이 기업에게 있다고 규정한다.

사전 예방 원칙에 따라 우리는 지금 행동하고 결과는 이후에 처리하는 수 세기에 걸친 습관을 바꾸어야 한다. 그 필연적 결과인 과학 기반 탄소감축목표 이니셔티브(SBTi)는 3,000개의 참여 기업에게 COP21(2015년 파리에서 열린 제21차 유엔 기후변화협약 당사국총회-옮긴이) 목표에 따라 온실가스 배출량을 줄이는 방법을 제시했다.

지난 10년간 주목할 만한 발전이 있었다. 뉴질랜드와 캐나다는 강이 흐를 권리를 법에 명시했다(다만 사람이 만든 제방 안의 물에 대한 권리는 여전히 인간 '소유자'에게 있다). 에콰도르와 볼리비아는 자연의 권리를 연방 헌법에 포함시켰다. 1972년 크리스토퍼 스톤의 에세이 『법정에 선 나무들』로 시작된 '자연의 권리' 운동은 전 세계 생태계의 법적 권리를 옹호한다. 피츠버그 등에서 수압 파쇄법과 채굴을 불법화하는 데 이 개념이 사용되었다. 변호사들은 이제 여러 법정에서 생태계가 상호 의존적인 생물 시민으로서 인간과 나란히 번성하고 스스로 재생하며 자연스럽게 진화할 권리가 있다고 주장한다.

우리는 본능적으로 자연이 인간보다 우월하다는 것을 알고 있다. 그러나 우리의 언어는 그렇지 않다. 우리는 자연을 '자원'이라고 부른다. 마음대로 사용할 수 있는 것처럼 말이다. 또 '환경'이라고도 부른다. 자연이 우리를 감싸고 있는 것처럼 말이다. 그리고 마치 우리에게 자연이 맡겨진 것처럼 스스로를 '청지기'라고 부른다.

우리의 첫 번째 책임은 더 겸손해지는 동시에 더 자신감을 갖는 것이다. 우리는 자연의 일부이며, 지구를 망치지 않고 살아가는 방법을 배울 수 있다. 자연의 질서와 창조성의 일부인 우리에게는 고유한 역할이 있을 것이다. 정말 그렇다면 얼마나 좋은 일인가! 혹 사실이 아니더라도 우리의 의무는 변하지 않는다. 우리의 생존은 자연을 훼손하지 않는 데 달려 있다.

우리는 언제 어디서든 자연에 간섭하지 말아야 한다. 우리 모두는 땅을 야생으로 남겨 두거나 목적을 다한 댐으로부터 물줄기를 자유롭게 해 주어야 할 때를 알고 있다. 공격만 멈추면 자연은 자신의 엄청난 회복력을 발휘한다.

이 책에서 계속 주장했듯이, 우리의 긴급한 책무는 지구를 보살피는 입법을 옹호하고 찬성하는 것을 넘어 일상의 업무에서 우리가 유발하는 피해를 줄이고 우리가 만들고 우리의 이름이 새겨진 제품에 대해 요람에서 요람까지 책임을 지는 것이다.

앞으로 반세기 동안 우리 모두의 과제는 산업 모델을 확장하는 것이 아니라 축소하는 것이다. 전력 공급도 지역 분산식으로 바꿔야 한다. 그렇게 해야 앨버타에서 까마귀가 변압기를 손상시켜도 로스앤젤레스의 음향 시설에 이상이 생기지 않을 것이다. 또한 다양성과 창의성이 부족한 기업의 단일 문화가 경제에 미치는 악영향이 단작 농업이 생태계에 미치는 악영향보다 낫다고 생각할 이유가 없다.

비용 상승은 기업이 현지에서 주도하는 보다 다양한 환경 정책을 채택하도록 압박하는 요인이 될 것이다. 천연자원(특히 에너지와 물)

과 폐기물 처리 비용은 점점 더 증가할 것이기 때문이다. 매립지나 소각장에 도달하는 쓰레기의 75퍼센트는 개인이 아닌 기업에서 나온다. 소비자에 의해 거의 즉시 폐기되며 전체 쓰레기의 3분의 1을 차지하는 포장재 역시 기업이 책임져야 하는 부분이다.

비용 증가 때문에라도 기업은 원료의 원산지에서부터 제조, 유효 수명, 최종 폐기에 이르는 제품의 환경 영향을 이해하고 관리해야 한다. 제품 수명 주기는 순환적이어야 한다. '버진' 원료를 사용하는 것보다 자사 또는 다른 회사의 폐기물을 원료로 사용하는 것이 훨씬 낫다.

수명이 다한 제품은 분해해 동등한 가치의 새로운 제품으로 만들 수 있다. 그것이 불가능한 경우라면 다른 업체의 '원료'로 삼을 수 있다. 이를 위해서는 다른 기업(종종 서로 다른 산업에 속한)과의 협업이 필요하다. 창의력, 조직력, 커뮤니케이션 기술을 갖춘 인력이 필요한 산업 간 협업은 미래 비즈니스를 정의할 것이다. 이런 순환적 경제가 극히 중요하다.

이제는 경제 건전성과 경제 성장을 분리해야 한다. 적어도 천연 자원의 추출을 필요로 하는 성장으로부터 분리해야 할 때다. 이 말은 더 이상 현실성 없는 약속이 아니다. 여러 나라 정부, 특히 독일, 일본, 중국은 재료를 적게 사용하고 감소, 재사용, 재활용하는 순환 경제를 만드는 것을 정책으로 삼고 있다.

미국도 자체적인 순환 경제를 구축해야 한다. 이를 위해서는 석유, 가스를 비롯한 재생 불가능한 자원의 생산과 공장식 농업에 대한 정부 보조금 및 세금 감면을 없애 가격이 실제 비용을 반영하도록 해야 한다. 예를 들어, 미국 재무부는 캘리포니아와 텍사스에서 재배되는 화학 집약적인 일반 면화 가격을 유지하기 위해 연간 20억 달러를 지불하고 있다. 만약 재무부가 이 보조금을 재생 농업 쪽으로 옮겨 사람과 지구에 좋은 식량 재배를 지원한다면 어떨까?

앞으로 수십 년 동안 기업의 책임을 요구하는 고객들이 늘어나고 환경법의 제약이 커지고 자원이 부족해져 비용이 높아지고 더 많은 투자자들이 지속 가능성을 요구하게 되면, 기업은 비즈니스 책임의 모든 요소를 수용하는(꼭 옳은 일이어서가 아니라 성공에 필수적이기 때문에) 경쟁자들과 마주하게 될 것이다. 결국 비즈니스 세계는 태양이 지구를 중심으로 도는 것이 아니라 지구가 태양을 중심으로 돈다는 천문학적 진리를 경제적, 환경적으로도 동일하게 인식하게 될 것이다. 자연이 경제를 중심으로 도는 것이 아니라 경제가 자연을 중심으로 돈다는 것을 말이다. 자연을 파괴하는 것은 곧 경제를 파괴하는 것이다.

나쁜 제품을 만드는 선한 기업은 없다

기업은 이 다섯 종류의 이해관계자를 위해 많은 일을 올바르게 하면서도 여전히 무책임할 수 있다. 괜찮은 수익을 내고, 직원들을 잘 대우하고, 가능한 최고 품질의 제품을 만들고, 지역사회에 기여하고, 본사를 LEED나 리빙 빌딩(Living Building) 기준에 맞게 건축하고, 옥상 정원을 조성하면서 지뢰를 만드는 기업을 상상해 보라. 심지어 그 회사는 1997년부터 지뢰 제조가 불법이 된 미국에서는 지뢰를 만들지 않고 해외 공급망을 통해 제조한다.

비즈니스 저널과 월스트리트에서 높은 평가를 받는 많은 기업들이 담배, 캐딜락 에스컬레이드, 럭키 참스 시리얼, 속이 빈 총알, 내분비 교란 프탈레이트가 함유된 유아용 장난감, 납 함유 립스틱 등을 제조하고 있다. 일부는 기업의 책임을 다하고자 하는 조치라고 인식되는 일들을 하면서, 한편으로는 로비스트 팀을 고용해 자신들이 한 좋은 일을 홍보하고 잘못을 폭로하는 가치 있는 과학을 폄하한다. 이런 기업들은 유럽연합에서 금지하는 좋지 않은 제품(독성 식품, 화장품, 화학물질)을 그런 것들을 여전히 허용하는 다른 나라에 수출한다.

합법적인 곳에서 고객의 수요를 충족시켜 주고 있을 뿐이라는 주장만으로 그들의 행동을 정당화할 수 있을까? 새클러 가문은 옥시콘틴(OxyContin, 마약성 진통제-옮긴이)이 중독성이 없는 것처럼 속이고 부정직하게 마케팅하는 동안에도 상당한 금액을 예술계에 기부했다. 그러나 그들이 유발한 피해는 자선 활동으로 갚을 수가 없다. 나쁜 제품을 만들거나 위험한 제품을 판매한다면 좋은 행동이나 정책과 상관없이 그것은 나쁜 사업이다.

4

무엇을 해야 할까?

과학 저널리스트이자 심리학자인 대니얼 골먼은 "자신의 영향력을 알고, 개선을 도우며, 배운 것을 공유하라"고 말했다. 환경 피해를 줄이기 위한 이런 원칙들은 대기업이든 중소기업이든 행동을 시작하거나 지속하는 모두에게 적용된다. 이 원칙은 순차적으로 따라야 한다. 우선 부정적인 영향을 파악한 후 개선책을 마련하고 배운 내용을 공유해야 한다.

다음은 여정을 시작하는 기업을 위한 실용적인 질문과 조언이다. 이 책의 부록에는 기업이 각 이해관계자와 관련해 착수할 수 있는 '책임경영 기업을 위한 체크리스트'가 실려 있다. 이 장을 읽으면서 체크리스트를 참조한다면 유용할 것이다.

멕시코 유카탄주 메리다에 있는 지오텍스 서스테이너블 텍스타일. 재단 후 남은 자투리 면 조각을 면사로 재활용해 파타고니아에 공급한다. 사진: 케리 오벌리

보다 포괄적인 자체 점검을 위해서는 B 임팩트 평가(https://www.bcorporation.net/en-us/programs-and-tools/b-impact-assessment)를 적극 추천한다. 이미 15만 개가 넘는 기업이 비콥이 되기 위한 첫 단계로 이 평가를 마쳤다. 이 웹사이트는 자체 평가 과정을 안내하고, 기업의 성과를 다른 기업과 비교할 수 있게 도우며, 개선할 수 있는 프로세스를 제안한다.

어디서부터 시작해야 할까?

어떤 문제와 먼저 맞붙을지 결정하는 것은 결코 쉬운 일이 아니지만 80/20 법칙을 적용해 보라. 20퍼센트의 제품(또는 서비스)이 전체 매출의 80퍼센트를 창출하는 경우, 그 제품들을 분석함으로써 영향력의 가장 큰 부분을 파악할 수 있다.

앞서 언급했듯이 파타고니아가 미치는 영향의 97퍼센트는 공급망에서 비롯된다. 파타고니아처럼 공급망이 크고 복잡한 기업이 자신의 이름을 달고 나오는 모든 것들에게 대해 파악하려면 대단한 노력이 필요하다.

제품이 환경에 미치는 영향의 90퍼센트는 디자인 단계에서 결정된다는 사실을 유념해야 한다. 모든 개선은 제품의 사회적, 환경적 기능 및 제품의 품질, 수리, 재사용 그리고 재활용할 수 있는 능력을 고려하는 디자이너로부터 시작된다.

물건을 만들거나 만들게 하는 기업에게는 특히 중요한 책임이 있다. 부록에 있는 체크리스트의 환경 항목에 특히 주의를 기울여야 한다.

서비스를 제공하는 기업이라면? 그런 기업은 하나 이상의 지역사회에 큰 책임이 있다. 체크리스트의 지역사회 항목에 주의를 기울여야 한다.

조직의 리더가 해야 할 세 가지

소유주나 CEO가 아니거나 '기업 지속 가능성 프로그램'을 수립할 권한이 없는 사람이라도 문제될 것은 없다. 어디에서든 시작할 수 있다. 체크리스트를 살펴보고 현재의 역할에서 할 수 있는 일이 무엇인지 확인하라. 사람과 자연을 더 잘 돌보는 것이 뛰어난 사업 성과와 상충된다는 것은 잘못된 생각이다. 상사가 그런 믿음을 가지고 있다면 어떻게 해야 할까? 돈을 절약하면서 지구도 살릴 수 있는 단계에 집중하면 된다. 스톡옵션의 가치를 아는 상사라면 회사의 돈을 아끼는 당신을 막지 않을 것이다.

당신이 비상장 기업의 CEO라고 가정해 보자. 당신은 헌신적인 CEO이고 회사 역시 목표를 향해 열심히 나아가고 있다. 당신에게는 권한이 있으며 회사의 영향에 대한 실질적인 평가를 시작할 준비가 되어 있다. 그렇다면 B 임팩트 평가를 통해 회사의 조치가 각 이해관계자에게 어떤 영향을 미치는지 평가하라. 공급망이 크고 복잡하다면 히그 지수를 조사해 부정적인 사회적, 환경적 발자국의

80퍼센트를 생성하는 20퍼센트의 활동을 실질적으로 평가해 보라.

이번에는 당신이 상장 기업의 CEO라고 가정해 보자. 아직 열성적이지는 않지만 환경보호를 위해, 또는 지금보다는 더욱 환경을 보호하는 방식으로 사업을 하고자 한다. 그런데 당신에게는 다른 사람들이 생각하는 만큼의 힘이 없다. 이사회의 눈치를 봐야 하고 정치와 환경 지식이 제각각인 주주들을 달래야 하며, 복잡하고 예측이 불가능하고 주가에 좌우되는 비즈니스 환경에서 일해야 한다. 기후 변화를 여전히 거짓말이라고 믿는 최고 재무 책임자나 최고 운영 책임자에게 의존해야 할 수도 있다. 어떻게 이들을 설득할 수 있을까? 어떻게 사람들이 참여하도록 동기를 부여할 수 있을까?

변화를 실험하는 모든 기업의 CEO는 세 가지 단계로 기업의 환경 보호에 착수할 수 있다.

1. 가능한 한 폭넓게 팀원들을 참여시켜 회사가 하는 좋지 못한 일, 평판과 수익에 큰 손해를 끼치는 일, 가장 쉽게 고칠 수 있는 문제를 찾도록 한다. 당신 회사가 매우 쉽게 고칠 수 있는 문제가 다른 회사로서는 복잡하고 어렵게 보일 수 있다. 환경보호를 위한 노력의 난이도는 기업의 가치관과 운영상의 강점에 따라 달라진다.

이미 의심하고 있는 문제부터 해결하라. 어떤 이야기를 들을 때마다(또는 그 결과를 볼 때마다) 가장 신경 쓰이는 것은 무엇인가? 회사가 일을 잘 해내도록 당신이 할 수 있는 일은 무엇이라고 생각하는가? 팀장들에게도 스스로에게 같은 질문을 해 보도록 권한다. 그리고 그들이 자신의 팀원들에게도 같은 질문을 하도록 권한다. 위쪽에서는 구름에 가려 지상의 상황을 보기 힘들 수 있다.

2. 팀과 함께 모여 평가를 바탕으로 개선의 우선순위를 정한 뒤 범위를 좁혀라. 팀과 함께 무엇을 먼저 할지, 거기에 얼마나 많은 시간과 비용을 투자할지, 얼마나 많은 사람이 참여할지를 결정하라. 초기 성공이 어떤 모습일지 분명히 해야 한다. 그 비전을 한 페이지로 압축해 팀원들에게 배포한다. 어떤 개선을 원하는지, 회사의 가장 큰 강점에 의지해 리스크의 감수를 최소화하고, 가장 많은 비용을 절감하며, 가장 많은 기회를 창출할 수 있는 부분이 어디인지 알아내고 거기에 덤벼드는 것이다.

효과가 있는 것이 어떤 것인지, 효과가 없는 것이 어떤 것인지 알게 되면, 그렇게 배운 교훈을 조직 내에서 가능한 많은 사람과 공유해야 한다. 당신(또는 그들)에게 시간이 없다고 생각되는 때라도 말이다. 그 후에는 배운 것을 이해관계자들과 공유하라. 이해관계자에는 공급업체, 동종 산업 협회, 주요 고객은 물론, 어떤 일을 완수하기 위해 연합 전선을 형성해야 하는 주요 경쟁사들도 포함된다. 각 이해관계자에게 당신의 의도, 성공, 실패에 대해 같은 이야기를 들려주면 신뢰를 얻게 될 것이다. 이로써 지원이 눈덩이처럼 불어날 것이다.

3. 마지막으로 깊어진 신뢰, 당신이 얻은 지식, 조직 전체와 이해관계자들 사이에서 높아진 자신감과 자부심을 이용해 이렇게 자문

한다. 이전에는 불가능했던 일을 할 수 있게 된 비결은 무엇인가? 우리가 새롭게 알게 된 것은 무엇인가?

당신은 어린 시절 말썽꾸러기였나? 그렇다면 당신에게는 기업가의 자질이 있다. 체크리스트를 모두 읽고 스스로를 자랑스럽게 여길 수 있는 일을 해 보라.

계속하면 일어날 일

책임경영을 꾸준히 실천하면 회사의 능력은 향상되고, 더 많은 사람들이 사회적, 환경적 성과를 개선해 회사의 질을 높이는 데 큰 관심을 두기 시작할 것이다. 이제 당신 팀은 모든 비즈니스 펀더멘털(business fundamental, 재무 관리, 운영 관리, 마케팅 및 판매, 인적 자원, 전략 및 계획 등 성공적으로 사업을 운영하기 위한 핵심 측면-옮긴이)에 더 많은 주의를 기울여야 하며, 이런 응용 지능의 향상으로 보다 유동적이고 낭비가 적은 조직이 될 수 있다. 직원들이 문제를 지적하면 변화를 가져올 수 있다는 것을 알게 되면서 이전에는 볼 수 없었던 자금 누수를 발견하게 될 수 있다. 문제를 인식하기 시작하면 기존의 기업 관행에 얽매여 눈을 가리고 있는 회사에서는 상상조차 할 수 없는 기회를 얻게 될 것이다. 성공은 사람들에게, 심지어는 궤도에서 벗어난 자들에게도 동기를 부여한다. 성공을 더 튼튼한 대차대조표뿐만 아니라 더 친환경적이고 인간적인 운영으로 재정의하라. 이런 목표는 상호 배타적이 아니며 상호 강화적이다.

지지와 협력을 얻는 법

우리는 오랜 비즈니스 경험과 다른 사업가들과의 대화를 통해 이점에 대해 확신하고 있다. 대형 소비재 기업인 유니레버는 최근 성장의 절반과 수익의 절반이 400개 브랜드 중 사회적, 환경적 의식이 가장 높은 40개 브랜드에서 발생한다는 사실을 발견했다.

처음에는 시도하는 일에 따라 내부 저항이 있을 수 있다. 시인 윌리엄 스태퍼드는 독자가 반박할 가능성이 있는 첫 행으로 시를 시작해서는 안 된다고 말한 적이 있다. 통념에 도전하는 말을 하기 전에 직원들이 온전히 뜻을 같이할 수 있는, 고개를 끄덕이게 만드는 과정이 있어야 한다.

사회적, 환경적 이니셔티브를 시작할 때는 논쟁의 여지가 없는 비교적 명백한 일로 시작해야 한다. 경험을 쌓으면서 동료들은 미묘하고 눈에 잘 띄지 않는 사회적, 환경적 영향과 이를 줄일 수 있는 기회에 대해 더 잘 인식하게 될 것이다. 또한 개선과 발전에 대한 언어와 문화적 편향을 공유하기 시작할 것이다. 관리자들은 종종 동료(또는 회사 내 경쟁자)가 대담하게 더 나은 관행을 상상하고 실천에 옮기는 것을 볼 때까지 익숙한 관행의 안전함에 집착하는 경우가 많다. 용기는 전염된다. 성공도 마찬가지다.

초기에는 지혜나 역량으로 존경받는 회사 내 다양한 계층에 속한 영웅들의 지원이 필요하다. 이런 영웅들은 사회나 환경 옹호자가 되리라고 예상되는 사람이 아닐 수도 있고, 진보적인 쪽에 서는 사람이 아닐 수도 있다. 특히 사려 깊고 종교적 동기가 있거나 청지기 정신이 투철한 보수주의자들이 의외의 협력을 얻어 낼 수도 있으니 그들의 도움을 환영하라. 협업 프로세스를 통해 회사와 관련된 모든 사람의 변화를 기대해 볼 수도 있다.

배운 것을 가능한 한 자주, 가능한 한 많은 사람들과 공유하라. 투명성이 강화되면 회사의 주변부(또는 고위층)에서 중앙에 이르기까지 헌신적인 지지 기반이 점차 늘어날 것이다. 그러면 완고한 전통 고수주의자들은 점차 옆으로 밀려나거나 다른 곳으로 가거나 은퇴할 것이다.

직원들이 회사 내외의 동료들과 힘을 합해 환경적, 사회적 성과를 개선하는 일에 대해 더 많은 것을 배우고 자신감을 얻으면, 그런 일을 자기 직무의 일부로 영구적으로 수용하게 될 것이다. 거부할 수 없고 멈출 수 없는 일이 될 것이다. 결국 사일로(회사 내 다른 조직 구성원들 간의 상호작용이 제한된 상황을 빗대어 사용하는 말-옮긴이)의 벽이 무너진다.

우리가 이를 직접 경험했다. 파타고니아에는 한때 빈 카운터 (bean counter, 품질보다는 이익을 우선시하는 사람-옮긴이), 제품을 우선하는 고게터(go getter, 목표 달성에 열정적이고 적극적인 사람-옮긴이), 트리 허거(tree hugger, 환경 보존과 지속 가능성에 열정을 갖고 있는 사람-옮긴이)라는 세 개의 큰 하위문화가 회사의 영혼(그리고 주머니)을 두고 경쟁했다. 이긴 사람은 없었다. 대신 문화 전반이 발전했다. 모든 것이 변화하기 시작했다. 처음에는 아무도 눈치 채지 못했던 방식으로 말이다. 목적과 이익의 균형을 맞출 필요성에 대한 논쟁은 더 이상 존재하지 않는다. 이제 우리의 목적이 비즈니스 모델을 주도하고 있는 것이 분명해졌다. 분열은 없었다. 우리는 스스로에게 부과한 제약으로 인해 깨어 있어야 했고 혁신을 이루어야 했다. 반면 대부분의 기업은 무자비한(상대적으로 의식이 없는) 효율성을 추구하며 해마다 비용 절감에만 몰두했다. 그러나 세상은 바뀌었다. 우리는 세상이 우리의 방식대로 돌아가고 있는 것을 발견했다. 혁신은 새롭고 더 나은 제품으로 이어졌다.

제품을 우선하는 고게터들은 여전히 매출과 시장 점유율을 늘리고 수익을 관리하고자 한다. 그들에게 성공이란 매출 증대 그리고 환경문제 해결을 모두 포함한다. 파타고니아의 한 알파인 라인 관리자는 더 많은 제품을 공정무역 인증 공장에서 생산하고 대기 중에 잔류하는 독성 화학물질로 만든 발수제를 대체할 수 있는 제품을 찾아야 한다는 사실을 인식하고 있다. 그녀와 그녀의 팀은 이런 책임을 자신들의 임무로 받아들였다.

빈 카운터들은 환경 친화 쪽으로 완전히 방향을 전환했다. 그들은 화석 연료에서 가능한 한 청정에너지로의 전환을 돕는 은행 및 보험회사와 거래를 한다. 재무·운영 팀은 동부 해안 물류센터를 농지나 숲을 갈아엎는 대신 탄광의 매립지에 짓겠다는 결정을 내렸다. 이들은 '기업 지속 가능성 팀'의 지도가 필요치 않았다.

당신이 CEO가 아니라면 어떨까? 우리가 아는 대부분의 컨설턴트와 전문가들은 대규모의 사회, 환경 이니셔티브는 경영진으로부터 하향식으로 진행되어야 한다고 주장한다. 물론 회사의 공식적인 이니셔티브는 하향식 지원이 있거나 적어도 허용하는 분위기가 있어야 성공할 수 있다. 그럼에도 불구하고(당신 회사의 CEO는 이 점을 믿지 않을 가능성이 높다) 모든 종류의 가장 근본적인 변화는 바닥에서 시작해 중앙과 위를 향해 간다. 환경 피해 축소가 기업이 비용을 절감하거나 수익을 창출할 수 있는 많은 기회를 제공하는 한(실제로 그렇다), 아래로부터의 개선 추구는 잘못될 수가 없다.

가장 비용이 적고(가장 많은 비용을 절감하고) 가장 저항이 적은 것부터 시작하는 것이 가장 쉽기 마련이다. 하지만 가장 어렵고 무리인 듯 보이는 것도 살펴보라. 가장 어렵고 대담해 보이는 일이야말로 공급업체는 물론 고객과 경쟁사를 포함한 다른 사람들이 당신들의 노력에 동참하도록 동기를 부여하는 데 필요한 것일 수 있다. 쉬운 일부터 시작하면 경험이 쌓이고 자신감이 생긴다. 어려운 일에 도전하고 좌절과 실패를 극복하면 더 똑똑해지고 강해지며 다른 사람들에게 더 큰 영향을 끼친다. 대담하고 혁신적인 일도 있고 화려하거나 혁명적이지는 않지만 영향력 있고 효율적인 일도 있는 법이다. 이 두 가지를 모두 수행하면 우리에게 필요한 환경적, 사회적 이득을 얻을 수 있다.

우리가 지구에 끼친 피해를 바로잡기 위해서는 모든 종류의 기업

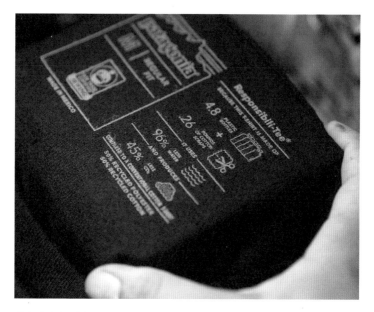

멕시코 유카탄 바카의 버티컬 니트사에서 생산한 파타고니아의 리스판서빌리-티. 사진: 케리 오벌리

과 사업가가 필요하다. 그리고 변화를 불러오기 위한 모든 종류의 이야기가 필요하다. 닛산은 21세기 초 자동차 업계의 미지근한 반응과 판매 부진에도 불구하고 전기차 리프의 생산을 지속했다. 닛산의 광고는 마케터들이 보통 지속 가능한 제품에 주로 사용하는 버켄스탁과 그래놀라 색채(버켄스탁은 편안함과 내구성으로 유명한 샌들 브랜드이며, 그래놀라는 건강을 중시하고 자연 및 유기농 식품을 자주 섭취하는 환경 친화적인 사람들과 연관되는 단어. 즉 갈색, 미색, 녹색과 같은 자연스러운 색상을 의미한다-옮긴이)를 사용했다. 이후《월스트리트 저널》

의 자동차 담당 기자가 사상 최고의 자동차로 선정한 테슬라 S가 등장했다. 전기자동차 업계 전체가 그 덕을 톡톡히 봤고, 지속 가능성을 생각하는 사람들의 취향이 베이지와 브라운에 국한되지 않는다는 사실을 알게 되었다.

우리에게는 낭비할 시간이 없다

"자신의 영향력을 알고 개선을 도우며 배운 것을 공유하라"는 대니얼 골먼의 신조로 돌아가 보자.

옳은 일을 하면 보통 사람들은 더 많은 옳은 일을 할 수 있는 용기를 얻는다. 직원의 지력과 창의적 역량을 활용해 피해를 줄일 수 있는 기회를 인식하는 기업은 이익을 얻을 수 있다. 환경 파괴를 덜 저지르는 기업은 급격히 증가하는 에너지, 물, 폐기물 처리 비용을 동시에 절감할 수 있다.

소규모 기업은 대기업의 노력을 활용해 대기업이 엄두도 내지 못하는 일을 과감히 시도할 수 있다. 반면 큰 기업은 큰일을 할 수 있다. 산업적 규모의 피해는 산업적 규모로 줄여야 한다.

우리는 꾸준한 개선에 대담한 조치를 더해 모든 사람이 의욕을 갖고 깨어 있을 수 있게 하고 회사 전체에 잘 반영되는 리더십을 보여 주는 것을 지지한다. 일반적으로 받아들여지는 좋지 않은 관행을 와해하는 대담한 움직임은 종종 더 책임 있는 새로운 제품이나 서비스의 발견으로 이어진다.

회사가 수동적인 분위기여도 문제가 되지 않는다. 무관심한 회사에서 일하고 있더라도 내가 여기서 할 수 있는 사회적, 환경적 책임과 가능성은 무엇인지 자문할 수 있다. 그리고 할 수 있는 일을 최선을 다해 실천하라.

환경 위기는 노동의 위기와 함께 도래했다. 선진 산업 경제는 더 이상 고임금 일자리를 충분히 창출하지 못하며, 일자리는 더 이상 경제를 안정적으로 지탱하지 못한다. 우리에게는 보다 주의를 기울여 책임경영으로 관리하는 소규모 기업 기반의 새로운 경제가 더 많이 필요하다. 우리에게는 낭비할 시간이 없다.

제대로 진행하고 있는지는 어떻게 알 수 있을까? 사업에 대해서 더 자세히 알고, 직원과 공동체의 참여를 더 이끌어 내는 과정에서 기업은 더 건강해질 것이다. 스스로 또는 동료들에게 "왜 더 일찍 하지 않았을까?"라는 질문을 던진다면 당신은 적절한 궤도에 올라 있는 것이다.

Learn about our impact

Demand Fair Trade.

We have more Fair Trade Certified™ sewn styles than any other apparel brand. Know how your clothes are made.

patagonia®

5

배운 것을 공유하라
: 책임경영 기업을 위한 조언

직원들은 회사의 전략에 진실성이 없다는 것, 즉 전략이 목적, 역량, 현실에 기반을 두지 않았다는 것을 감지하면 그것을 헛소리라고 부른다. 이것도 운이 좋은 때의 이야기다. 회사의 전략을 믿지 않는 직원들은 고의적으로 그것을 방해한다. 반항적인 태도를 취하는 것은 아니지만 조용히 무시한다. 경영 전문가인 피터 드러커는 "문화는 전략을 아침밥으로 먹는다"고 말했다. 아무리 좋은 전략도 조직 내 문화와 맞지 않으면 실패할 가능성이 높다는 뜻이다.

환경과 사회 개선 전략은 무시할 수 없는 중요한 문제이며 회사 문화 전체의 헌신 없이 단순히 상부에서 지시하기에는 너무 복잡하다. 오늘날에 자연의 쇠퇴를 되돌리기 위한 작업

←
캘리포니아 산타모니카의 파타고니아 매장에 디스플레이된 공정무역 인증 정보. 사진: 케나 레이너

은 너무나 중요하고 새로운 일이기 때문에 초보자들이 서로 배울 수 있도록 공유하는 과정이 반드시 필요하다.

우리는 수년 동안 우리의 관행 중에 대중과 공유할 수 있을 만한 것이 있는지 주의 깊게 살펴왔다. '우리의 발자국(파타고니아의 제품 생산 관련 정보를 체계적으로 소개한 웹사이트)'을 만들 때 애초의 생각은 대학원생, NGO 그리고 유정이나 농장에서 생산된 원료가 파타고니아 제품이 되어 창고로 배송되기까지의 과정을 배우고 싶어 하는 고객들을 대상으로 하는 대화형 웹사이트를 만드는 것이었다. 우리는 두 부류의 사람들로부터 예상치 못한 격한 반응에 크게 놀랐다. 첫째, 직원들이 자신이 만든 제품에 대해 더 많이 배우면서 더 똑똑하고 더 협력적이 되었다. 둘째, '우리의 발자국'을 통해 회사 내에서 이루어지는 사회적, 환경적 관행에 대한 토론의 질이 향상되었다. 휴게실에서의 대화가 더 진지해지고 비난이 줄었다. 함께 문제를 해결할 수 있는 능력도 더 커졌다.

'우리의 발자국'이 공급업체에 미치는 영향도 우리를 놀라게 했다. 인도의 대형 공급업체인 아르빈드사는 유기농 면화 농가들로 이루어진 협동조합과 계약해 공장에서 면화를 방적하고 봉제해 청바지를 생산한다. 우리는 현재 이들과 함께 재생 유기농 면화 생산을 위한 시범 프로그램을 진행하고 있다. 하지만 15년 전 아르빈드사와 함께 일을 시작할 때, 우리는 우리의 규칙 하나를 위반했었다. 첫 주문을 하기 전에 공장을 방문해 사회 감사(social audit, 종업원 처우·환경 대책 등에 관한 감사-옮긴이)를 실시한다는 규칙이었다. 변명일 뿐이지만, 우리에게도 사정은 있었다. 당시 사회적 책임을 담당했던 이사가 회사를 떠났고, 새 이사가 아직 도착하기 전이었으며, 아르빈드사는 평판이 좋았다.

제작이 시작된 후 아르빈드사에 방문한 새로 온 이사는 크고 작은 행동 강령 위반 사항들을 발견했다. 작은 위반 사항도 있었고 심각한 것도 있었으며 문화적인 것도 있었다. 화학물질이 있는 곳에서 슬리퍼를 신거나 폐수 웅덩이 주변에 난간이 없고 구급함이 도난 방지를 이유로 잠겨 있었다. 우리는 아르빈드사의 관리자를 만나 이번 방문에서 발견한 문제를 웹사이트에서 논의하고 그들과 협력해 위반 사항을 해결하고 싶다고 말했다. 쉽지 않은 대화였지만 다행히 그들이 동의했다. 문제와 해법에 대한 공개적인 논의 결과 아르빈드사는 투명성에 더 깊은 인상을 받은 새로운 고객을 확보하게 되었다. 머지않아 다른 공급업체들도 웹사이트에서 진행하는 공개 논의를 원하게 되었다.

모든 책임경영 기업은 공급업체, 고객, 경쟁사, 표준 제정 기관, 독립 감시자 등과 정보를 공유하기 위해(그리고 이들이 가진 정보를 활용하기 위해) 외부인을 참여시켜야 한다. 기업이 특허 기술, 사업 개발 전략, 쿠키 반죽에 들어가는 마다가스카르산 바닐라 원료의 공급원과 같은 특정 정보를 보호하는 것은 정당하다. 그러나 그 외에 기업이 비밀로 유지하는 정보들의 대부분은 사실 공개하는 것이 더 나을 수 있다. 평판 좋은 공장 목록이 있는가? 공개하라. 그러면 당신 회사보다 덜 과감한 회사에 채택 가능한 '모범 사례'를 제공할 수 있다. 도전과 성공 사례를 더 많이 공개할수록 사회적, 환경적 발자국을 줄이기 위해 노력하는 동종 업계의 다른 기업들에게 도움이 된다. 자연과 인간을 위험으로부터 보호하는 데 있어 우리는 모두 같은 편이다.

또한 기업이 업계 전반에 걸친 프로젝트 팀을 구성해 자재 부족, 배출물 및 폐수, 현장 근로자를 위한 더 나은 고충 처리 등을 함께 해결한다면 더 좋을 것이다. 협업하는 동료들은 동물 복지, 화학물질 사용, 제품의 질, 노동 관행의 단체 표준에 합의할 수 있다. 우리는 공정노동협회, 섬유 거래소, 지속 가능한 의류 연합의 창립 회원으로 적극적으로 활동하고 있으며 아웃도어 산업 협회, 비랩, 블루사인과도 긴밀히 협력해 왔다. 업계를 변화시키는 이런 종류의 협력은 투명성 없이는 불가능하다.

모든 보고 방식에는 한계가 있다. 아직은 우리 모두 길을 찾는 중이지만, 지난 20년간의 노력을 바탕으로 기반을 다져 가고 있다. 물론 성과를 스스로 보고하고 독립적인 감독을 받지 않을 때는 책임감이 매우 약해질 수 있다. 기업은 숫자를 조작해 실제 성과를 희생하면서까지 인증 점수를 높일 수도 있다.

파타고니아는 자체 보고와 독립적인 감독을 중요하게 생각한다. 자체 보고는 고통스러울 때가 많다. 우리가 통제할 수 없을 것 같이 보이는(처음에는) 문제라면 특히 더 그렇다. 전통적인 관행에 따라 재배되는 면화가 얼마나 해로운지 알게 되었을 때 우리는 다 함께 탄식했다. 유기농 면으로의 전환에 얼마나 많은 노력이 필요한지 파악하기 시작했을 때는 더 크게 탄식했다. 클린턴 대통령의 노동 착취에 관한 대책 위원회의 일원이 되기로 했을 때에도 스스로에 대한 확신이 없었다. 대책 위원회에서 탄생한 독립적인 검증 서비스를 제공하는 공정노동협회의 도움을 받고 나서야 시야를 가로막던 안개를 걷어낼 수 있었다. 혼자서는 그 모든 것을 할 수 없었을 것이다. 누구도 혼자서는 할 수 없다.

우리 자신에 대해 아는 데에는 우리만으로 안 되는 일도 있었다. 직원 중에 섬유 과학자가 있긴 하지만, 우리가 가진 화학물질과 독소에 대한 지식은 염색 공장과 섬유 제조업체에 대한 자체 감사를 수행하는 데에는 터무니없이 부족하다. 공급업체의 화학물질 사용을 평가하는 데 필요한 전문 지식을 가진 블루사인 테크놀로지와 협력한 것은 매우 귀중한 경험이었다.

우리 회사의 투명성은 공급업체에 대한 우리의 기준이 얼마나 엄중한지 보여 준다. 자신의 행동에 책임을 지는 관리자로부터 정당한 대우를 받는 사람들이 봉제를 하자 의류의 품질은 향상되었다.

$\longrightarrow$
주머니보다 많은 수선 자국. 아르헨티나 파타고니아에서 물려받은 재킷을 제대로 사용하고 있는 케빈 프린스. 사진: 오스틴 시아닥

공급망을 조사하면서 우리는 공급업체에 대해 더 잘 알게 되었다. 공급업체가 무엇을 하는지, 그것을 어떻게 하는지, 업무의 구체적인 어려움은 무엇인지 배우려고 노력했고, 그래서 공급업체는 우리를 더 신뢰하게 되었다. 우리는 어떤 종류의 문제든 공급업체와 함께 더 빨리 해결할 수 있다.

고객층에는 상충되는 두 가지 강력한 추세가 존재한다. 아마존, 월마트, 코스트코 등의 대형 할인점에서 주로 편리함과 저렴한 가격, 또는 이 두 가지를 모두 고려하는 사람들이 있다. 반대로 책이나 칫솔을 아마존에서 구입하더라도 저렴하게 구입할 수 있는 제품보다 더 오래 사용할 수 있고 성능이 더 좋은 제품을 더 적게 구입하려는 사람들도 있다. 구매하는 제품의 품질에 더 신경을 쓰는 고객의 상당수는 제품이 어떻게, 누구에 의해, 어떤 조건에서 만들어졌는지에도 관심을 갖는다. 기업의 투명성은 이런 고객들의 충성도를 높인다. 뿐만 아니라 기업이 공유하는 지식은 저렴한 제품에 끌린 고객에게 실제 어떤 비용을 치르고 있는지 알려 준다. 빠듯한 예산에도 패스트푸드보다 건강에 좋은 음식을, 패스트패션(fast fashion, 최신 유행을 빠르게 반영한 디자인, 저렴한 가격, 빠른 상품 회전율로 승부하는 패션 또는 패션 사업-옮긴이)보다 내구성이 있는 옷을 선호해야 하는 이유를 알려 준다.

투명성은 긍정적인 변화를 위한 전제 조건이지만, 이를 보장하는 것은 아니다. 몇 년 전, 우리는 내구성이 뛰어난 새로운 백팩을 개발했고 이 제품은 높은 매출을 기록했다. 하지만 우리는 매출을 높이고 충분한 수익을 낼 만한 가격을 맞추기 위해 환경적인 면을 희생했다는 것을 알고 있었다. 우리는 이 백팩에 재생 원단을 사용하지 않았다. 그래서 이 모든 사실을 웹사이트에 공개했다. 어떤 결과가 나왔을까? 어떤 고객도 불만을 제기하지 않았으며, 판매는 여전히 활발했고, 디자이너들은 안타깝게도 똑같이 성능이 좋은 더 환경친화적인 원단을 찾지 못했다. 투명성은 발을 불에 넣는 것과 같은 일일 수 있지만 항상 발바닥에 불을 붙이는 것은 아니며, 수치심이 항상 행동을 변화시키는 것도 아니다. 하지만 우리의 경험으로 볼 때, 배운 것을 공유하는 일은 영감을 주고 변화를 촉진하는 경우가 더 많다.

따라서 책임경영 기업의 사업 전략은 진실한 스토리에서 시작해야 한다. 그리고 신뢰할 수 있고 공감대를 형성하는 스토리에는 회사의 포부는 물론 회사의 장점과 단점, 강점과 약점까지 포함되어야 한다. 스토리는 직원들의 회사에 대한 인식과 회사 내에서 그들이 맡은 역할을 단단하게 연결해 주어야 한다. 신뢰할 수 있는 기업이 되려면 직원들에게 들려주는 스토리가 은행원, 고객, 공급업체, 더 크게는 지역사회에 들려주는 이야기와 거의 같아야 한다. 스토리가 일치해야 이해관계자들이 당신을 믿게 되며, 당신의 사업 전략은 그 누구도 무시할 수 없는 것이 된다.

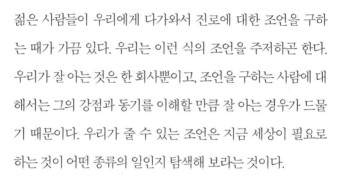

6

지구와 인류를 구하는
새로운 길

젊은 사람들이 우리에게 다가와서 진로에 대한 조언을 구하는 때가 가끔 있다. 우리는 이런 식의 조언을 주저하곤 한다. 우리가 잘 아는 것은 한 회사뿐이고, 조언을 구하는 사람에 대해서는 그의 강점과 동기를 이해할 만큼 잘 아는 경우가 드물기 때문이다. 우리가 줄 수 있는 조언은 지금 세상이 필요로 하는 것이 어떤 종류의 일인지 탐색해 보라는 것이다.

우리는 일이 개인에게 의미가 있도록 만드는 것이 무엇인지, 왜 의미 있는 일이 우리에게 동기를 부여하는지 살펴보았다. 그럼 지구 생물 분포대의 파괴를 늦추고 되돌리기 위해서는 어떤 종류의 일이 가장 효과적일까? 어떤 일이 지구와 대양을 복원하고 인류 사회를 강화할까? 좋은 삶을 살면서 좋은

←
바나클 푸드(Barnacle Foods)는 알래스카 다시마를 이용해서 해안과 원주민 지역사회에 유익한 음식을 만들며, 저탄소 식품 원료를 공급한다. 사진: 베서니 손시니 굿리치

일을 하고자 하는 사람들에게는 어떤 기회가 있을까?

이 장에서는 훌륭한 기업과 많은 사람들에게 유용한 삶을 창출할 수 있는 일에 대한 우리의 생각을 이야기하려고 한다. 대부분의 일은 아직 널리 알려지지 않은 새로운 분야에 있으며, 아직 온전히 정의조차 되지 않았지만 꾸준히 구체화되고 있다.

우리는 익숙한 곳에서부터 시작해 알려진 세계의 경계 너머에 위치한 새로운 경제로 나아갈 것이다.

국제 협약이 필요한 이유

'위선이란 악덕이 미덕에게 바치는 경의'라는 말이 있다. 의도는 좋지만 집행력이 부족한 조약은 이런 위선과 다를 바 없을 수 있다. 하지만 전 세계 195개국 중 95퍼센트 이상이 동의한 조약이라면 정부와 기업 엘리트들의 생각과 계획, 행동 방식을 변화시킬 수 있다. 진행 속도는 느리지만 파리협정과 유엔 지속가능발전목표(SDGs)의 공통된 언어와 틀은 의미 있는 승리를 나타낸다. '무엇을 해야 할 것인가'라는 어려운 문제에 대해서 협상하고 합의에 이르렀기 때문이다.

모든 형태의 빈곤 종결, 깨끗한 물과 에너지 보장, 살기 좋고 수용적인 도시 만들기, 기후 변화, 생물 다양성 손실 및 오염의 근본 원인인 소비 패턴의 변화 등 17개의 지속가능발전목표는 거의 터무니없을 정도로 야심차다. 그러나 야심이 크다고 해서 이런 목표를 무시해서는 안 된다. 이것이 우리가 해야 할 일이기 때문이다.

세 번째 주요 조약은 앞으로 10년 동안 새로운 기회를 제공할 것이다. 2022년, 190개 국가 정부가 30×30 이니셔티브(30×30 Initiative)에 공식 서명했다(미국은 상원의 반대로 조약의 당사국이 아니지만, 바이든 행정부는 자체 30×30 계획을 실행하기 위한 대통령령을 발표했다). 생태 복원은 우리의 미래에 매우 중요하다. 인간의 방해가 없다면 자연은 다시 돌아온다. 이런 지구의 노력을 뒷받침하기 위해서는 해야 할 일이 있다.

우리는 파타고니아에서 크고 원대한 목표가 그저 현판에 새겨진 뒤 잊고 마는 슬로건 그 이상일 수 있다는 것을 배웠다. 최초의 사명 선언문에 명시된 우리의 명확한 목적이 거의 50년 동안 우리의 행동을 형성하는 데 도움이 되었듯이, 새로운 선언문은 앞으로 우리가 해나갈 일을 형성할 것이다. 미래의 기업, 정부, 시민단체는 환경 조약, 법률, 기업 지배구조의 규칙, 목적 선언문, 계약서를 구상하고 작성하고 방어할 인재를 필요로 할 것이다. 도시 계획, 공학, 법학, 공중보건, 지구과학, 건축, 환경학, 생태학, 신학, 철학, 경영학을 공부하는 학생들은 우리 지구의 건강을 회복하기 위한 야심찬 합의의 채택과 실현을 증진하는 정책 분야의 직업을 고려하는 것이 좋을 것이다.

탄소 저감 플랜

2017년 폴 호컨이 편집해 출간한 책『플랜 드로다운: 기후 변화를 되돌릴 가장 강력하고 포괄적인 계획』의 목표는 2050년까지 지구 기온이 섭씨 2도 이상 상승하는 것을 막기 위해 탄소 배출을 충분히 대체하는 종합 계획을 마련하는 것이다. 이 책의 저자들은 탄소를 땅속으로 다시 끌어들이는 데 도움이 될 80가지 혁신과 실천 사례들을 검토했다. 이들은 모두 시험 단계를 훨씬 넘어서 있다. 그 일부는 사회적인 것들이다. 예를 들어, 여자아이에 대한 보편적 교육과 가족 계획이 높은 우선순위를 차지하고 있다. 하지만 대부분은 에너지와 농업과 관련된 것들이다. 권고에는 육상 풍력 발전 단지와 옥상 태양광 발전이 포함된다. 농업 분야의 권고에는 음식물 쓰레기 줄이기, 채소가 풍부한 식단, 열대림 보호, 임간 축산(silvopasture, 사료 작물 재배지에 가축을 방목해 작물과 가축이 서로에게 이익을 주며 공존하게 하는 영농법-옮긴이)이 있다. 탄소 저감을 위한 많은 권고 사항에는 일거양득의 효과가 있다. 서식지와 생물종의 손실까지 막거나 늦출 수 있는 것이다. 『플랜 드로다운』은 유용한 일을 하고자 하는 사람들에게 필요한 것이 무엇이고 실현 가능한 것이 무엇인지 보여 주는 좋은 설명서다.

기후 변화를 늦추는 재생에너지

경제의 재생에너지 전환은 순조롭게 진행되고 있지만, 저장 문제가 남아 있다. 이 과제의 해결은 지구 생존의 핵심이다. 이 문제의 해법만 얻는다면 화석 연료가 아닌 재생에너지에서 전력을 얻을 수 있기 때문이다. 태양열과 풍력에너지는 이제 생산 비용이 석탄보다 저렴하고 천연가스보다도 3분의 1 정도 저렴하다. 전환에 저항하는 사람들이 더 이상은 재생에너지가 너무 비싸고 신뢰할 수 없다고 주장하지 못할 상황인 것이다.

캘리포니아에서는 신축 주택에 전기 난방과 가전제품을 위한 배선 설치가 의무화되었고, 3층 이하의 신축 건물에는 반드시 옥상 태양광 패널을 설치해야 한다. 캘리포니아주에서는 2030년부터 새로운 가스 난방기와 온수기의 판매가 금지될 예정이다. 선진국 전역에서 지자체, 규제 당국, 에너지 회사들이 석탄 발전소를 폐쇄하거나 단계적으로 폐지하고 있다. 전기자동차 충전기는 온라인으로 구매할 수 있으며 충전소와 주차장이 점점 늘어나고 있다.

지나친 장밋빛 그림을 그리지는 말라. 중국과 인도 그리고 미국에서도 여전히 석탄이 주요 에너지원이다. 유럽조차 러시아의 우크라이나 침공 초기에 러시아산 가스의 공급 가능성이 낮아지자 이를 상쇄하기 위해 석탄 소비량이 20퍼센트 증가했다. 인도는 최근 전례 없이 오랜 시간 이어진 폭염으로 인한 전력 수요를 맞추기 위해 100개의 탄광을 다시 열었다. 한편에서는 화석 연료가 지구를 더 뜨겁게 만드는 티핑 포인트(tipping point, 작은 변화들이 어느 정도 기간을 두고 쌓여, 이제 작은 변화가 하나만 더 일어나도 갑자기 큰 영향을 초래할 수 있는 상태가 된 단계-옮긴이)를 지나기 전에 재생에너지로 전환하기 위한 움직임도 활발히 진행 중이다.

전환 과정에서 새로운 기업들이 무수히 많은 좋은 일을 할 수 있다는 것이 널리 알려졌고, 최근에는 경제적 타당성이 입증되어 자금 조달도 훨씬 용이해졌다. 또한 최악의 화석 연료인 석탄과 오일샌드의 파이프라인을 가능한 빨리 폐쇄하는 것을 시작으로 전환의 순서와 속도를 높이기 위한 정책 결정도 필요할 것이다.

토양을 살리는 재생 유기농업

새 외투는 5년 또는 10년마다 사면 되지만, 밥은 하루에 세 번 먹는다. 지구를 구하는 일은 음식에서 시작되고 음식은 토양에서 시작된다. 흙을 죽인다면 우리에겐 파멸뿐이다. 화학물질 없이 흙을 보살피고 생명의 원천인 흙의 타고난 풍요로움을 존중하는 데에서 우리 지구를 구하는 일이 시작된다.

텃밭이나 유기농 농산물 시장에서 당근을 맛본 사람이라면 토양이 음식의 질과 삶의 질에 어떤 차이를 만드는지 잘 알고 있을 것이다. 재생 유기농업은 자연의 도움 없이 자연이 할 수 있는 것보다 훨씬 빠르게 표토를 만들며, 앞서 언급했듯이 장소 기반 보존(특정 장소나 지역의 고유한 특성, 생물 다양성 및 생태학적 요구를 강조하는 보존 노력-옮긴이)을 강화하고 산업 농업과 지역사회와는 아무 관련이 없는 기업 소유주에 의해 파괴된 농촌 사회를 되살릴 수 있다. 재생 유기 농업 방식은 소규모 농업에 적합하다. 최소 경운(minimal tillage, 식재 및 경작 중에 토양을 가능한 한 적게 교란시키는 농업 방식-옮긴이), 작물 순환, 동반 재배는 대규모 단일 작물 농업 시스템에서 제초제 라운드업(Roundup, 글리포세이트를 활성 성분으로 함유한 몬산토가 생산한 제초제-옮긴이)을 사용하는 것보다 농부의 세심한 주의가 필요하다.

재생 유기농업은 최선의 미래를 대변하지만, 재생에너지와 달리 그 도입은 초기 단계에 머물러 있다. 당연하게도 농업 업계와 화학 업계는 '저경운 재생 농업'을 하며 화학물질 사용을 장려하고 '유기농'은 외면하고 있다.

미국의 소규모 농가들이 협력해 단일 경작, 화학 집약적인 대기업 농업에 상응하는 새로운 자립형 비즈니스 네트워크를 만든다면 결국 대기업 농업을 대체할 수 있게 될 것이다. 장거리 트럭 운송을 피하고 직거래 장터와 가까운 지역으로의 배달에 유리한 혁신적인 유통 체계부터 시작하자.

컴퓨터나 스마트폰 화면 앞에서 시간을 보내지 않고 자연이 주는 풍요로움을 만끽하고자 하는 사람이라면 도전해 보라. 땅을 일구고 재배한 농산물을 판매하는 것이다. 어떻게 시작하면 좋을지 배우고 싶은가? 장 마르탱 포르티에와 쉴레이카 몽페티가 설립한 마켓 가드너 인스티튜트(Market Gardener Institute)는 소규모 재생 유기농 업에 관한 온라인 강좌를 운영한다. 영국 원예학자이자 작가 찰스

파타고니아 웻수트의 원료인 천연 라텍스는 과테말라 고원지대의 헤베아 나무에서 흘러나온다. 사진: 팀 데이비스

다우딩은 자신의 웹사이트를 통해 '땅을 갈지 않는' 방법, 즉 토양을 건강하게 만들고 수확량을 늘리는 방법을 가르친다.

변화를 일으키는 작은 힘

많은 개발도상국에서 소규모 농업은 과거로 가는 문으로 여겨진다. 한편 선진국에서는 소규모 사업을 큰 규모로 성장하려는 보편적인 욕구에 흡수되어야 할, 틈새를 노리는 사업쯤으로 여기는 경향이 있다. 우리의 생각은 정반대다. 농업을 포함한 소규모 기업은 인류와 지구의 건강에 더 유망한 미래를 가능케 한다.

노동자와 지역사회의 복지를 염두에 두고 협력적으로 조직된 '작은' 조직은 큰 사회적 이익을 가져올 수 있다. 공정무역 운동의 전 세계적인 성공은 그 대표적인 예다. 일반적으로 지역의 강이나 숲을 공유하는 시민들은 인터넷 댓글을 남기는 보이지 않는 익명의 적보다 적은 자원으로 상상력을 발휘해 교양 있게 문제나 분쟁을 해결하려는 동기가 더 강하다.

돈이나 학력이 부족한 미국 시골의 주민들은 지역에 일자리를 제공하는 기업에 자신들의 운명을 맡기는 경향이 있다. 이들은 기후 온난화와 해수면 상승 등의 문제를 해결하는 것은 고사하고 지역의 수로, 숲, 토양을 복원하는 것조차 자신들의 힘이 미치는 범위 내에 있는 일이라고 생각지 않는다. 사람들이 자기 고장의 건전성을 유지하는(또는 최소한 고려하는) 일자리에서 자신의 주체성을 느끼며 일하는 지역사회라면 이런 무력감과 타성에 젖은 태도는 반전될 수 있다. 사람들은 지역 고유의 지혜를 수세대에 걸쳐 한 장소에 살면서 현대화에 전통을 잃거나 충돌해 온 원주민과만 연관 짓는 경향이 있다. 그렇게 함으로써 땅과 우리 자신의 연결성이나 그에 대한 우리의 책임을 잊어버린다. 사실 농사짓고, 사냥하고, 낚시하고, 물건을 만들고, 동물과 아이들을 키우는 모든 농촌 사람들은 땅과 본능적인 관계를 맺고 있으며, 그것을 보호하기 위해 함께 노력해야 한다(서로의 차이에 관계없이, 아니 오히려 그 차이를 이용해).

도시와 농촌 양쪽 모두의 미래 건전성은 도시의 추출적 경제력을 줄이고 농촌 지역의 장소성(sense of place, 특정 장소의 물리적 특징, 문화유산, 사회적 상호작용, 역사적 의미 등을 통해 형성되는 특정 장소의 고유한 성격과 정체성-옮긴이)을 보존하는 데 달려 있다. 휴고 앤 호비의 비즈니스 모델은 이 점을 정확히 지적한다. 프레드 쿠켈하우스와 벤 영은 현지 장인을 고용해 지속 가능한 방식으로 고품질의 내구성이 뛰어난 가구를 만들겠다는 목표로 대학원 룸메이트이던 시절 회사를 설립했다. 두 사람의 할아버지의 이름을 딴 휴고 앤 호비는 비콥이며 '원 퍼센트 포 더 플래닛'의 회원이다. 이 회사는 가능한 재활용, 재생 재료를 사용해 현지에서 목재를 조달하고 위기에 처한 숲에 새로운 나무를 심는다. 이 회사는 벤이 살고 있는 뉴잉글랜드 시골과 프레드가 사는 남동부의 지역 작업장에서 소규모로 제품을 생산하기로 약속했다. 프레드와 벤은 성공을 거두고 사업 규모를 늘리는 과정에서도 대규모 제작업체에 생산을 위탁하는 대신 소규모 작업장의 수를 늘렸다.

건강한 전원생활은 현지 사람들은 물론이고 물, 음식, 휴식을 위해 시골에 의존하는 인근 도시 사람들에게도 좋은 일이다. 앞으로 소규모 기업들을 더욱 혁신하고 발전시킬 필요가 있다.

순환 경제 : 쓰레기 제로 세상을 꿈꾸다

자연은 순환 경제다. 동물의 배설물은 식물의 먹이다. 쓰러진 나무는 동물의 서식지다. 자연으로부터 자원을 보호하고, 사용 가능한 에너지를 쓰고, 쓰레기를 발생시키지 않는 방법을 배워야 한다. 그리하여 우리 경제도 순환 경제가 되어야 한다.

산업 생태학 분야는 산업 시스템에 생태학적 사고를 적용한다. 예일대 환경 대학원의 마리안 처토우는 산업 생태학 분야 중에서도 산업 공생학(상대적으로 근접한 기업들의 자원 공유에 초점을 맞춘 산업 공생의 하위 분야)의 선구자다. 엘렌 맥아더 재단에 의해 대중에게 순환 경제로 알려진 산업 공생(industrial symbiosis)은 기후 변화, 생물 다양성 손실, 폐기물, 오염에 대한 비즈니스 해법의 기본 원칙이다. 물건은 오래 가야 한다. 수명이 다하기 전에 공유, 임대, 판매, 재판매, 수선, 재사용 등을 통해 가능한 한 높은 가치를 지닌 새로운 것으로 재활용해야 한다. 파타고니아의 원웨어 프로그램은 이런 원칙을 반영한다.

이케아, 버거킹, 아디다스 등의 기업, 네덜란드, 프랑스, 중국, 인도 등의 국가 그리고 미국 환경보호청과 놀랍게도 미국 상공회의소 등의 정부 기관에서 순환 경제를 지지하거나 채택하고 있다.

이 장의 뒷부분에서 살펴볼 캐나다 노바스코샤주 핼리팩스에 있는 4개 기업은 순환 경제 사업을 대단히 흥미롭게 펼치고 있다.

자연의 재생 시스템

임마누엘 칸트는 "비틀어진 나무로는 결코 직선을 만들 수 없다. 이것이 인류이다"라고 말했다. 이 말은 인간 사회에서 완전무결한 것은 만들어질 수 없으며, 자연에 '곧은' 것은 없다는 진리를 일깨워준다. 도구를 사용하는 인간은 모서리가 완벽하게 맞물리고 표면이 완벽하게 평평한 물건을 만드는 경향이 있다. 물건을 매끄럽게 다듬고 획일적으로 만들려는 경향은 실존적 문제를 해결하려고 할 때 우리에게 피해를 줄 수 있다. 물건은 기계적으로 보일지 몰라도 세상은 유기적이며 이해하기가 어렵기 때문이다.

앞서 '순환 경제' 부분에서 보았듯이, 우리는 우리가 가한 피해를 치유하는 방법을 자연으로부터 배울 수 있다. 경제학자 존 풀러튼에 따르면 건강한 정치, 금융, 산업 시스템은 자연의 생명 시스템과 8가지 원칙을 공유한다. 그중에는 변화하는 환경에 적응하는 능력, '강력한 순환 흐름', 시스템의 주변부에서 가장 창의적이고 풍요로운 활동이 이루어지는 경향 등이 있다.

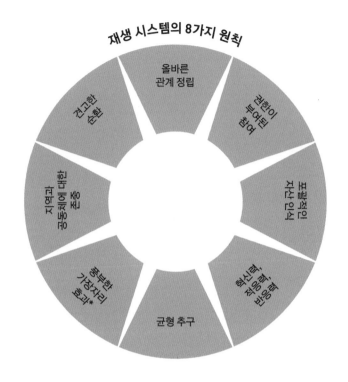

재생 시스템의 8가지 원칙

- 올바른 관계 정립
- 권한이 부여된 참여
- 포괄적인 자산 인식
- 적응력, 힘, 혁신
- 균형 추구
- 풍부한 가장자리 효과*
- 지역과 공동체에 대한 존중
- 견고한 순환

* 가장자리 효과 : edge effect, 서로 다른 생물군의 서식지가 나란히 붙어 있을 때 그 경계지역에 사는 종의 다양성과 밀도가 각 서식지의 중심지역보다 훨씬 높게 나타나는 현상-옮긴이

　　전직 투자 은행가로서 금융 시스템의 혁신에 헌신했던 풀러튼은 재생자본주의(Regenerative capitalism)라는 용어를 사용해 선형(제조, 사용, 폐기) 시스템이 아닌 순환(제조, 사용, 수리, 재활용) 시스템을 비즈니스 모델로 사용하는 경제 모델을 이야기한다. 아직 가설에 불과하지만, 그의 재생 시스템 원칙은 조직의 사회적 성공과 생태

적 효능에 대한 리트머스 시험지 역할을 한다.

기업이 지켜야 할 최후의 환경 방어선

벼랑 끝에서 우리를 되돌릴 수 있는 제품을 만들거나 서비스를 제공하려는 사람이라면 2009년 스톡홀름 회복력 센터(Stockholm Resilience Centre)가 찾은 9가지 '지구 위험 한계선(planetary boundaries)'을 알아두는 것이 좋다. 생명을 위협하지 않고는 넘을 수 없는 이 환경적 한계선은 기업을 시작하는 모든 사람에게 가이드라인을 제공한다. 이 경계에는 기후 변화, 해양 산성화, 담수 고갈, 화학 오염, 농지에서 생물권으로 유입되는 질소와 인 등이 포함된다. 각 경계에 대한 침해 위험은 낮음, 중간, 높음으로 정의된다.

중요한 것은 회복력 센터가 기후 변화, 생물 다양성 손실, 자원 고갈의 위협이 어떻게 상호 연관되어 있는지 조사한다는 점이다. 이는 우리가 기존 제품에 어떤 변경을 주어야 전반적인 영향을 줄이고 성능을 개선할 수 있는지 파악하는 데 도움을 준다. 개별적 그리고 총체적으로 지구 위험 한계선은 기업에게 가치 있는 도전 과제를 제시한다. 하나의 제품 또는 하나의 조치로 위험 한계선을 얼마나 멀어지게 할 수 있을까?

도넛 경제학

혁신적인 경제학자 케이트 레이워스는 지구 위험 한계선에 사회적

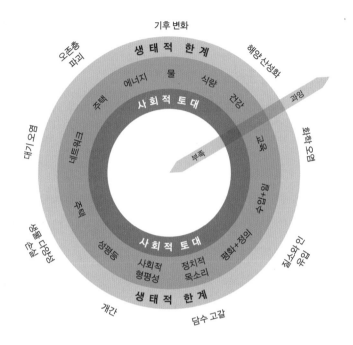

기후 변화

생 태 적 한 계

오존층
파괴

해양 산성화

에너지   물   식량
건강

주택   과잉

사 회 적 토 대

네트워크   교육

대기 오염

요염 수질

주택   부족   소득+일

성평등   수입+일

사 회 적 토 대

사회적
형평성

정치적
목소리

평화+정의

생물 다양성 손실

질소와 인
유입

생 태 적 한 계

개간   담수 고갈

요소를 더한 '도넛 경제학(Doughnut Economics)'을 고안했다. 도넛
은 생태적 과잉뿐만 아니라 굶주림과 문맹 같은 사회적 결핍도 인
식한다.

　도넛 경제학은 지역사회와 환경의 건전성 악화에 직면한 사람들
의 관심을 끌었다. 2019년, 기후 변화에 공동으로 대응하기 위한 세
계 주요 96개 도시 모임 'C40 도시 기후 리더십 그룹(C40 Cities Cli-
mate Leadership)'은 레이워스에게 그녀의 프레임워크를 사용해 3개
회원 도시(암스테르담, 포틀랜드, 필라델피아)를 평가해 달라고 요청했

다. 이 도시들의 주민들은 스윗스폿(sweet spot, 공이 맞으면 가장 잘 날 아가는 지점, 최적의 상태나 위치-옮긴이)으로부터 얼마나 멀리 떨어져 있었을까?

이듬해 COVID-19 팬데믹 기간 동안 암스테르담은 순환 경제 전략과 결합한 도넛을 개발 모델로 채택했다. 새로운 사고방식은 크고 작은 변화로 나타났다. 매립지에 건설 중인 새 동네는 주변 해수면이 안전하게 상승할 수 있도록 기초를 다졌다. 한편, COVID-19 봉쇄 기간 동안 사회적 고립의 영향을 조사한 시 위원회는 수천 명의 주민이 컴퓨터를 사용할 수 없다는 것을 알게 되었다. 이들은 새 제품을 구입하는 대신 도시 전역의 고장 난 컴퓨터와 사용하지 않는 예비 부품을 수거하고, 리퍼비시 업체를 고용해 3,500대의 컴퓨터를 마련함으로써 사람들의 고립감을 덜어 주었다.

전 세계의 다른 도시들도 관심을 표했고, 시민단체들은 각 지역 정부에 도넛 모델을 채택하도록 로비를 벌였다. 인류 공동체의 건강을 도시의 건강과 연결하는 이 새로운 방식을 장려하고 활성화하기 위해서는 해야 할 일이 많다.

화해 생태학 : 논에서 자라는 물고기

이본의 멘토이자 친구인 환경보호 활동가 휴이 존슨은 정어리, 청어, 멸치를 잡아 닭, 돼지, 양어장의 사료로 사용하는 관행을 종식시키길 원했다. 그는 수천 년 동안 아시아에서 해온 것처럼, 자신의 고향인 캘리포니아에서도 논에서 기른 사료용 물고기에서 어분을 얻을 수 없을지 궁금했다.

캘리포니아 농부들에게 가을에 논에 물을 대는 것은 새로운 일이었다. 주 정부가 청정 대기법을 강화하기 전까지, 농부들은 가을 추수 후 밭에 씨를 뿌릴 준비를 하기 위해 짚을 태웠다. 그 연기가 동쪽의 시에라산맥까지 이어져 자욱한 연기의 벽이 만들어지곤 했다. 새로운 법이 시행되자 쌀농사를 짓는 사람들은 짚을 태우는 대신 논에 물을 댔다. 그러자 수백만 마리의 철새가 새로운 식수원으로 몰려들면서 철새들의 태평양 경로가 부활하는 예상치 못한 혜택이 발생했다. 환경보호 활동가들은 기뻐했고, 뜻하지 않게 환경의 영웅이 된 농부들은 과학자들과 협력해 다양한 조류종을 수용하기 위해 논마다 물을 대는 깊이와 시기를 달리했다.

그러나 물을 댄 논에서는 볏짚을 섭취하는 박테리아가 다량의 메탄가스를 배출한다. 놀리는 논에서 배출되는 메탄의 양은 전체 메탄 배출량의 12퍼센트를 차지하며, 메탄은 전 세계 온실가스 배출량의 약 20퍼센트를 차지한다. 메탄의 대기 중 비율은 이산화탄소보다 낮지만 이산화탄소보다 더 치명적이다. 하지만 자연은 논에서 메탄 생성을 줄이는 그만의 방법을 갖고 있다. 식물성 플랑크톤이 메탄을 배출하는 박테리아를 잡아먹어 개체 수를 줄일 수 있다. 안타깝게도 식물성 플랑크톤은 약탈적 동물성 플랑크톤에 의해 제압당하지만, 사료용 물고기가 동물성 플랑크톤의 포식자로 나서면

식물성 플랑크톤이 메탄 제거 작업을 할 수 있다. 즉, 저산소 수역에 사료용 물고기를 도입하면 메탄 배출량을 90퍼센트까지 줄일 수 있는 것이다.

2016년 휴이의 자원 재생 연구소(Resource Renewal Institute)는 새크라멘토강 삼각주에 45,000마리의 아칸소 골든 샤이너를 도입해 큰 성공을 거뒀다. 회복력이 큰 이 송사리가 동물성 플랑크톤을 먹고 번성한 덕분에 박테리아를 잡아먹는 식물성 플랑크톤이 충분히 살아남아 메탄가스 배출량을 거의 3분의 2까지 줄일 수 있었다.

그 외에도 여러 가지 이득이 있었다. 새로 도입한 물고기의 배설물로 액체질소 비료가 필요 없게 되었다. 논에 물을 뺀 뒤에는 송사리를 수확해 미끼, 가금류나 반려동물의 사료, 비료로 사용할 수 있었다. 나아가 이렇게 키운 사료용 물고기를 수확하면 정어리, 멸치, 청어, 고등어 등 바다의 어족자원에 대한 시장의 압력을 줄일 수 있고, 사료용 물고기 수확을 통해 쌀 농가의 소득도 보충할 수 있다. 캘리포니아의 실험은 논에서 물고기와 쌀을 동시에 키우는 고대 아시아의 관행을 확대할 수 있는 증거가 되었다.

파타고니아 프로비전은 아르헨티나 코리엔테스 지방의 논에 도입된 사료용 물고기 파쿠에 관심을 갖게 되었다. 무시무시한 피라냐의 사촌인 파쿠는 살을 찢는 뾰죽뾰죽한 이빨 대신 씨앗과 견과류를

———→
태평양 경로에서의 휴식. 캘리포니아 새크라멘토 델타. 사진: 게리 에버렛.

먹기 위한 인간 모양의 이빨을 가지고 있다. 파쿠는 거의 40킬로그램까지 자랄 수 있는 맛있고 육질이 좋은 생선이다. 특히 파쿠 갈비가 별미다. 파타고니아 프로비전은 곧 코리엔테스 습지에서 생산된 쌀을 제공할 예정이며, 파쿠를 새로운 방식으로 활용할 것이다.

논에 물고기를 도입하는 것은 인간의 필요를 충족시키는 동시에 다른 종을 지원하는 '화해 생태학(Reconciliation ecology)'의 완벽한 예다. 이 원칙은 30×30이라는 복원 생태학의 목표와 함께 지구를 치유하는 데 매우 중요하다. 우리가 핼리팩스에서 보게 될 것처럼 '화해'는 지구를 구하는 데 도움을 주는 사업 기회를 만든다.

지구를 되살리는 경제 모델: 핼리팩스 4개 기업

핼리팩스 지역의 네 개 기업은 한 회사의 폐기물이 다른 회사의 원료가 되는 순환적 미시경제를 위해 힘을 합치고 있다. 서스테이너블 블루(Sustainable Blue), 오버랜드 애그리사이언스(Oberland Agriscience), 서스테인 체스터(Sustane Chester), 스몰푸드(Smallfood) 이 네 기업의 협업은 생명 시스템, 산업 생태학과 공생, 행성적 수단(지구의 능력과 한계에 부합하는 관행이나 행동-옮긴이) 내에서의 생활, 커뮤니티 기반 순환 경제, 화해 생태학의 원칙을 잘 보여 준다. 벤처 투자 전문가에서 환경운동가로 변신한 릭 코가 이 프로젝트의 선봉에 서서 이본 등 개인 투자자들의 참여를 이끌었다. 핼리팩스 모델은 한 지자체가 고형 폐기물의 90퍼센트를 재활용하고, 독성 오염 물질을 중화시키는 천연 비료와 사료를 산출하고, 계속 증가하는 세계 인구에게 식량을 공급할 수 있다는 것을 보여 준다. 이는 개방형 그물망 양식이라는 끔찍한 상황도 없앨 수 있다.

낚시를 좋아하는 이본은 오래전부터 개방형 그물망 연어 양식의 위험성을 의식하고 있었다. 아이러니하게도 연어 양식은 한때 연어 종의 희망으로 여겨졌다. 1960년대부터 생태계 악화로 야생 연어, 특히 대서양 연어의 개체 수가 감소하기 시작하자 이후 10년 동안 노르웨이의 지역민들은 소규모 개방형 그물망 연어 양식으로 손실을 만회하기 위해 노력했다. 이 사업은 그들에게는 비용이 너무 많이 드는 사업이었다. 하지만 지역민들이 포기한 양식장들을 사들인 대규모 사업자는 높은 수익을 낼 수 있었다. 곧 양식 연어가 늘어나면서 가격이 저렴해졌고 노르웨이, 칠레, 캐나다, 영국에서 연어 양식이 큰 사업이 되었다.

그러나 오래지 않아 양식장이 가두리에 20만 마리에 달하는 물고기를 가두어 키우는 규모로 확장되면서 단점이 드러났다. 연어는 배설물로 오염된 바닷물에 밀집된 채 생활했고, 과밀로 인한 질병에 시달리며, 들끓는 바다 이로부터 머리와 목을 공격당했다. 호르몬이 신진대사가 감당할 수 없는 속도로 성장을 촉진해 절반은 기형적인 귀로 인해 소리를 듣지 못했다. 척추 기형, 상처, 물집으로 고통을 받기도 했다. 항생제와 항바이러스 약물이 보편적으로 사용됐고 그 비용은 사료 비용을 초과할 정도였다. 많은 물고기가 활기를 잃고 느리게 움직였다. 일부는 가두리를 탈출해 야생 연어에게 바다 이를 옮기거나 교배를 해, 혹독한 바다 생활을 견디는 능력과 산란을 위해 해류를 거슬러 강으로 올라가는 능력을 약화시켰다. 탈출한 연어는 87퍼센트가 양식장에서 차로 3시간 이내의 강에서 발견됐다.

다행히 지금은 그 위험성이 일반적으로 인식되고 있다. 미국 서부 해안에서는 개방형 그물망 연어 양식을 금지했고, 캐나다 브리티시 컬럼비아주에서도 금지를 검토하고 있다. 그러나 조수 작용으로 인해 엄청난 규모의 양식장을 지탱할 수 있는 충분한 산소가 생성되는 미국 북동부와 캐나다 해안에는 여전히 많은 연어 양식장이 있다.

◆ 서스테이너블 블루 : 핼리팩스에서 차로 한 시간 거리의 펀디만에 위치한 노바스코샤주 벌링턴의 육상 연어 양식장 서스테이너블 블루는 40피트(약 12미터)에 이르는 이 지역 조수 변동의 영향을 받지 않는다. 연어들은 육지에서 살지만 바다, 하천, 도시 상수도로 방류되지 않고 끊임없이 여과되고 재순환되는 물속에서 산다. 이 시스템은 고형 폐기물도 배출하지 않는다. 물고기의 배설물은 거른 후 메탄 소화조로 옮겨 전기로 전환한다.

서스테이너블 블루는 영국 출신의 커크 하버크로프트가 운영하고 있다. 그는 이 회사 설립자인 제레미 리 박사와 함께 12년에 걸쳐 상업적 운영을 시작하기 위해 필요한 장비를 설계했다. 그 후 벌링턴 센터의 운영을 경제적으로 실현 가능한 규모로 발전시키기까지 15년이 더 걸렸다.

서스테이너블 블루의 자족형 재순환 시스템은 강과 바다의 해류를 모방한다. 치어는 담수에서 생애를 시작하고 이후 더 큰 바닷물 수조로 이동한다. 성장 호르몬이나 항생제는 투여하지 않는다. 바다 이도 없다. 바닷물 수조는 바다의 상태와 해류를 모방하기 때문에 연어는 날렵하고 튼튼하며 활동적인 성어로 자란다. 서스테이너블 블루에서 수확한 연어는 자연산 연어의 풍미와 식감을 온전히 가지고 있다.

전 세계 많은 사람들이 주요 단백질 공급원으로 바다에 의존하고 있지만, 지난 60년 동안 대형 어류의 자원은 가파르게 감소했다. 책임 있는 연어 양식은 연안 해역의 피해를 줄이고 야생 자원을 되살림과 동시에 효율적인 단백질 공급원, 양질의 식량을 제공할 수 있어야 한다.

서스테이너블 블루의 성공 요인은 사료의 품질과 생산성에 있다. 이 회사는 달하우지 대학의 과학자들과 협력해 인공지능을 사용한 최적의 배합을 측정한다. 야생 연어의 치어는 주로 곤충을 먹고, 성어는 작은 물고기를 먹는다. 양식 연어는 치어든 성어든 대두와 어분(멸치나 정어리 같은 야생 사료용 어류에서 추출한)을 혼합한 사료를 먹는다. 연어는 체중당 단백질 섭취량이 단백질 생산량보다 많을 수 있다. 서스테이너블 블루는 사료 전환율을 개선하고, 물고기에 피해를 주지 않으면서 성장률을 높이고, 폐기물을 줄이는 것을 목표로 하고 있으며, 개선을 위한 노력을 계속하고 있다. 현재 달하우지 연구진은 폐기물을 75퍼센트 줄이면서 성장률을 20퍼센트 높이는 사료를 개발한 상태다. 이 사료에는 핼리팩스 모델의 다음 주자인 오버랜드 애그리사이언스가 생산한 성분이 포함되어 있다.

◆ **오버랜드 애그리사이언스** : 달하우지 연구진이 개발한 사료에는 앞서 이야기한 인간형 이빨의 파쿠가 포함되어 오메가-3 지방산을 공급하는 데 일조한다. 또 다른 주요 성분은 전 로켓 과학자 그렉 뱅거 박사의 계획으로 오버랜드 애그리사이언스가 핼리팩스에서 생산한 동애등에 유충이다. 차렷 자세를 한 것처럼 보이는 습성 때문에 군인이라는 이름이 붙은 이 곤충(동애등에의 영어 명칭은 'Black soldier fly'다-옮긴

→
탈출 제로, 성장 호르몬 제로, 물 낭비 제로, 서스테이너블 블루의 최신 육지 양식장. 캐나다 노바스코샤 벌링턴. 사진: 서스테이너블 블루

이)은 아직 널리 알려지지 않은 자연의 경이로움을 지니고 있다. 자원 생산성을 획기적으로 높이는 동시에 자원 집약도를 낮추는 뛰어난 단백질 공급원인 것이다. 동애등에의 먹이는 순환적 마이크로경제의 세 번째 구성원인 서스테인 체스터에서 무료로 제공받은 양조장의 유기농 곡물 찌꺼기와 유효기간이 지난 슈퍼마켓의 채소다.

약 1.4제곱미터의 공간에 성체 파리 6만 마리를 수용할 수 있다. 1mm도 안 되는 크기의 알은 열흘 만에 8,000배 크기로 자란다. 9천 제곱미터가 조금 넘는 오버랜드의 시설에서는 극소량의 물을 사용해 5,700에이커(약 23제곱킬로미터)의 옥수수에 해당하는 영양분을 생산할 수 있다. 여전히 전기의 절반을 석탄에서 얻는 도시에 있는 이 시설은 전력의 절반은 풍력에서 다른 절반은 태양열에서 공급받는 저탄소 배출 시설이다.

동애등에는 사람에게 전염되는 질병이 없으며, 섭취한 독소를 중화시키는 능력을 갖고 있다. 완전히 자란 유충을 건조하고 갈아서 만든 얼핏 커피처럼 보이는 분말에는 무게 대비 55퍼센트의 단백질이 함유되어 있다. 이후 이 분말을 혼합해 개, 닭, 연어용 사료를 만든다(뱅거 박사는 가족이 먹는 쿠키에 이것을 넣어 보려 했지만 실패했다).

청어, 고등어, 정어리 같은 야생 사료용 어류를 미끼로 사용하지 말라는 압력을 받던 캐나다 동부의 랍스터 어부들은 동애등에 배설물을 결합제로 사용해 동애등에 유충을 하키퍽 모양의 틀에 눌러 붙이면 최고의 랍스터 미끼가 된다는 것을 발견했다. 랍스터 업계의 수요로 오버랜드의 확장 계획이 가속되었다. 현재의 수요를 충족하려면 4개의 공장이 더 필요하다.

◆ **서스테인 체스터** : 오버랜드에 무료로 공급되는 양조장의 곡물 찌거기와 유기 폐기물은 이 모델의 세 번째 기업인 체스터에 있는 서스테인 시립 고형 폐기물 처리 공장에서 나온다. 전략적으로 지역 매립지 옆에 위치해 인구 15만 명의 폐기물을 처리하는 이 공장의 연간 처리 용량은 7만 톤으로, 도로에서 자동차 15,000대를 제거하는 셈이다. 서스테인은 인근 매립지에 버려지는 고형 폐기물의 90퍼센트 이상을 회수해 바이오매스 펠릿, 디젤 연료, 재활용 가능한 금속으로 용도를 바꿀 수 있다. 또한 수거하는 재활용 업체가 거의 없는 샌드위치 랩을 액상 폴리에틸렌으로 전환해 동일한 가치의 새로운 용도로 사용할 수 있게 한다.

캐나다에서는 재활용되는 플라스틱의 비율이 9퍼센트에 못 미친다. 대부분이 매립되고, 음식물의 58퍼센트가 생산 단계에서 낭비된다. 모든 매립지 또는 전 세계의 모든 소각장에 서스테인을 설치해 지역의 메탄과 이산화탄소 배출과 플라스틱 오염을 줄이고, 버진 화석 연료를 통한 생산을 대체하고, 폐기물 침출수를 거의 없애고, 매립 공간을 다른 용도로 쓸 수 있다고 상상해 보라.

서스테인은 제지 공장이나 발전소에 석탄을 대체하는 에너지원으로 판매할 수 있을 정도로 깨끗한 바이오매스 펠릿과 같은 새로운 최종 제품을 만드는 데 중점을 둔 첨단 분리 기술을 통해 감축을 달성했다.

◆ 스몰푸드 : 파쿠와 동애등에 유충과 함께 서스테이너블 블루 사료의 또 다른 원료는 해양 미세조류다. 스몰푸드의 설립자이자 소유주인 마크 세인트 온지는 자신의 회사가 캐나다에서 단일 세포 유기체에 대한 양식 허가를 받은 최초의 회사라고 말한다. 10년간 2만 종 이상의 미생물을 연구한 결과물인 이 미생물은 단백질과 연어나 생선 기름 보충제에 함유된 오메가-3 DHA 함량이 높다. 이 미생물은 대형 수직 탱크에서 바이오매스 발효(김치나 요구르트를 만드는 데 필요한 과정)를 통해 식품, 음료, 보충제에서 오메가-3 지질과 항산화제로 판매할 수 있는 단백질을 성장시킨다.

스몰푸드의 미생물은 땅을 거의 차지하지 않고 물을 거의 사용하지 않으며 대부분의 식품 생산에서 발생하는 폐기물과 온실가스를 대체하면서 인상적인 수준의 단백질과 영양을 제공한다. 이 미생물은 비건 '해산물'을 포함해 반려동물뿐만 아니라 인간을 위한 식품의 재료로 직접 섭취할 수 있다. 7일의 생산 주기만 지나면 배송할 수 있다. 미생물은 지구를 먹여 살릴 수 있다.

+ + +

핼리팩스의 이들 기업은 재생적이고 순환적인 경제의 미래를 대변한다. 각 기업은 서로의 폐기물을 생산 원료로 전환한다. 이들은 함께 다수의 문제를 해결하고 무수한 혜택을 창출하는 제품을 개발함으로써 형태와 행동의 측면에서 최상인 기업이 어떤 모습인지 보여 준다. 매주 목요일, 핼리팩스의 4개 기업은 화상회의를 통해 릭코의 조언 하에 기후 변화를 해결하고 자연의 쇠퇴를 늦추거나 되돌리기 위한 문제, 전략, 새로운 협력 방법에 대해 논의한다. 이들 모두는 업무의 질과 혁신에 중점을 둔다.

휴이 존슨은 야생 물고기들이 사료가 되는 것을 막고자 했던 자신의 꿈이 새로운 형태의 자본주의로 전환된 것에 기뻐할 것이다. 각 기업은 서로 경쟁하는 대신 공동의 이익을 위해 협력하고 있다. 이는 우리가 지구에 끼친 피해를 바로잡기 위해 반드시 필요한 모델이다.

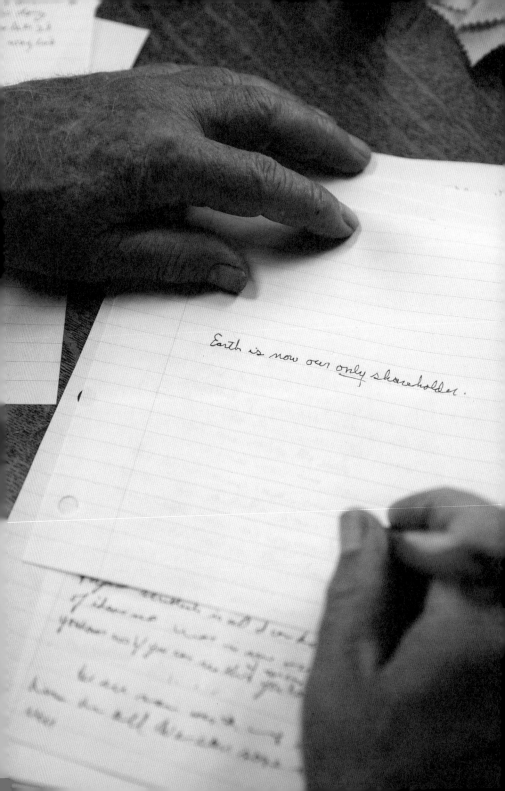

Earth is now our only shareholder.

7
파타고니아의 유일한 주주는
지구입니다

이본은 "모든 억만장자는 정책 실패의 본보기다"라는 문구의
스티커를 자동차 범퍼에 붙이고 다닐 정도로 좋아했다. 우리
두 사람은 오래 전 친구의 병문안을 가는 길에 파타고니아를
궁극적으로 비영리단체가 소유해야 한다는 이야기를 나눴다.
하지만 2018년까지 미국에서는 불가능한 일이었다. 최근 소
유권이 '파타고니아 퍼포즈 트러스트(회사 전체 지분 중 1%에 해
당하는 의결권주 소유, 회사가 추구하는 가치와 구조를 영구화하는 역
할)'와 '홀드패스트 콜렉티브(회사 전체 지분 중 99%에 해당하는
무의결권주 소유, 파타고니아 사업에서 발생하는 모든 이익을 전 세계
환경보호 활동에 사용하는 비영리 조직)'로 전환되면서 쉬나드 가

←
펜을 든 이본 쉬나드, 2022년. 회사 소유 지분을 모두 비영리 조직에 기부하고 다음과 같이 썼다.
"이제 파타고니아의 유일한 주주는 지구입니다." 사진: 캠벨 브루어

223

족 구성원(쉬나드 부부와 아들, 딸) 4명은 정책적 실패의 사례가 되지 않는 방법을 찾았다.

파타고니아는 여전히 영리기업이지만 이제 유일한 주주는 지구, 더 정확히는 지구의 이익이다. 파타고니아는 앞으로도 매년 수익의 상당 부분을 회사에 재투자하고, 또 다른 상당 부분을 직원들에게 보너스로 지급할 것이다. 또한 보조금 위원회를 통해 매출의 1퍼센트를 풀뿌리 환경단체에 계속 기부할 것이다. 이중 어떤 것도 변하지 않을 것이다.

변화된 것은 회사의 구조뿐이며, 이로써 회사의 구조는 회사의 목적과 온전히 부합하게 되었다. 지금까지 잘 해온 다른 기업들도 자신과 가족에게 충분한 부와 자원이 있음을 깨닫고 우리의 선례를 따랐으면 한다.

미국에서는 생소한 방식이지만, 재단 소유 기업은 100년 전부터 북유럽 비즈니스 환경의 특징이었다. 독일 주식시장 가치의 50퍼센트 이상이 재단이 대주주인 기업에 있다. 이케아, 롤렉스, 하이네켄은 재단의 소유다. 칼 자이스 재단은 1889년부터 칼 자이스 AG의 지분 100퍼센트를 소유하고 있다.

새로운 구조가 가족 소유였을 때 직면했던 문제를 덜어 주는 것은 아니다. 환경 영향의 97퍼센트가 공급망에서 발생하며, 그 대부분은 우리가 사용하는 원단에서 비롯되기 때문에 앞으로 수십 년 동안 해야 할 많은 일이 있다.

독자가 이 글을 읽을 때쯤이면 파타고니아는 나일론과 폴리에스터의 원료로 새로 시추한 석유에서 얻은 버진 소재 사용을 중단했거나 거의 중단한 상태일 것이다. 성능과 내구성은 희생하지 않으면서 말이다. 합성섬유를 만드는 데 '버진' 소재를 사용하지 않기 위해서는 이미 만들어진 것, 즉 지구가 이미 매몰 비용을 지불한 것을 새롭게 사용해야 한다.

섬유와 식량을 위한 농업의 변화는 산업의 친환경화만큼이나 꼭 필요하다. 파타고니아는 10년 내에 모든 천연섬유 의류의 원료를 재생 유기농 면(재생 유기농 방식으로 재배한 목화에서 얻은 면)과 마로 전환하고, 그 과정에서 표토를 재건하고 탄소를 흡수하는 것을 목표로 하고 있다.

파타고니아 프로비전의 모든 신제품은 육지에서 난 것이든 바다에서 난 것이든 식량 공급 문제를 해결하면서 동시에 영양이 풍부하고 품질이 우수해야 한다. 우리는 재정, 소비자, 정치의 측면에서 지원이 필요한 소규모 농업과 어업의 중요성에 대한 인식을 높이기 위해 노력할 것이다.

쉬나드 이큅먼트의 초기 고객은 우리 장비의 품질을 믿고 목숨을 걸었던 우리의 친구 또는 친구의 친구들이었다. 우리는 항상 품질을 '내구성, 기능성, 가능한 한 다양한 활동에서의 범활용성'으로 정의해 왔다. 하지만 우리 시대의 품질은 '대자연에 해를 덜 끼치는 것을 넘어 실제로 대자연의 풍요로움에 보답하는 것'을 의미한다. 이는 궁극적으로 오염, 낭비, 소수의 주머니를 채우기 위해 다수를 희생시키지 않는 것을 뜻한다.

생명의 그물망이 살아남기 위해서는 취약하고 훼손된 소중한 땅과 물, 즉 우리가 살지 않는 곳, '인간의 손길이 머물지 않는' 곳, 수천 년 동안 원주민 공동체가 환경과 생태계에 미치는 영향을 최소화하면서 살아온 곳을 보호하고 복원해야 한다. 파타고니아는 2020년대와 2030년대에 복원 생태학(자연이 다시 살아날 기회를 주는 것), 화해 생태학(우리가 활동하는 곳에서 자연이 번성할 수 있도록 하는 것), 종의 재야생화를 진전시키는 활동에 투자할 것이다.

헬리팩스에서 이루어지고 있는 일은 파타고니아의 운영 방식과는 거리가 멀다. 하지만 우리는 거기에서 얻은 교훈에 주의를 기울이고 있다. 이런 재생적이고 순환적인 지역 기반의 노력은 시민사회 및 정부와 함께 사회의 주체인 기업이 할 수 있는 일의 최고치를 보여 준다. 개인, 가족, 주식회사, 지구, 그 누구의 소유든, 기업이 선택만 하면 사회의 모든 부문과 협력해 공동선과 자연의 이익을 위해 일할 수 있다.

파타고니아는 환경 불의에 가장 큰 영향을 받는 지역사회를 지원하기 위해 뜻을 같이하는 사람들과 협력할 것이다. 화학, 석유, 가스 공장은 그로스 포인트나 마린 카운티에 건설되지 않는다. 배턴루지와 뉴올리언스 사이의 일명 암의 거리(Cancer Alley), 웨스트버지니아주 카나와 강변의 화학 거리(Chemical Alley), 캘리포니아 리치몬

드의 정유 공장 옆 동네와 같이 임대료가 저렴하고 공동체의 의견이 강하지 않거나 잘 받아들여지지 않는 곳에 건설된다. 캘리포니아주에서만 석유 및 가스 개발 지역으로부터 1.6킬로미터 이내에 거주하는 사람이 180만 명에 이르며, 그중 유색인종이 92퍼센트다. 모두 만성 두통, 천식, 암에 걸릴 위험이 큰 곳들이다.

글로벌 경제에서 소외된 전 세계 원주민들은 자신들을 실패하게 만든 제도를 불신하면서도, 이민자와 소수자를 희생시켜 사회적 지위와 안보를 회복하겠다는 거짓 약속을 하는 기회주의 정치인들의 유혹에 흔들린다. 우리는 누구도 배제하지 않는 정치와 경제 비전을 지지해야 한다.

파타고니아는 지금의 10년과 앞으로 다가올 10년 동안 민주주의에 헌신할 것이다. 우리가 사회 시간에 배운 내용에 대한 향수 때문이 아니라 민주주의가 우리 자신과 자연을 구하기 위한 필수 요소이기 때문이다. 세계의 독재자들과 금권정치가들은 절대 조화와 정의를 위해 일하지 않을 것이며, 결국 그로 인해 그들은 망하게 될 것이다. 공통의 기반과 대의를 파악하는 것은 어렵지만, 한 곳 한 곳 지구를 구하는 것은 우리 모두의 일이다.

2022년 9월 14일, 현지 파타고니아 동료들이 벤투라에 위치한 브룩스 스쿨 캠퍼스에 모였다. 초대받지 않은 전 직원들과 친구들도 함께였다. 리노를 비롯한 전 세계의 많은 동료와 친구들이 화상 링크를 통해 합류했다. 그때까지 우리 모두는 독자 여러분과 마찬가지로 거의 3년간의 COVID-19, 4년간의 트럼프 집권, 점점 더 혼란스럽고 극단적이 되고 있는 10년간의 날씨를 견디며 살아 나왔다. 현지 직원들에게는 우리 시대에 내재된 불확실성의 상징인 토마스 산불의 기억이 아직 생생했다. 그날 브룩스 정원에서 이본 쉬나드와 말린다, 성인이 된 자녀 클레어와 플레처는 더 이상 회사를 소유하지 않고 지구에 기부한다는 발표를 했다.

오랫동안 디자인 부서의 운영을 도왔던 베테랑 직원 셰릴 엔도는 CEO 라이언 겔러트에게 다가가 이렇게 말했다. "더 이상은 당신의 실없는 소리를 받아 주지 않을 거예요." 라이언이 어리둥절해 하자 그녀는 근처에 있는 키 큰 자카란다 나무를 가리키며 "전 이제 당신을 위해 일하지 않아요. 저기에 있는 나무를 위해 일하죠"라고 덧붙였다.

우리 모두 그렇게 해야 한다.

2022년 9월 14일, 회사 지분 기부 공식 발표가 있던 기쁨과 축하의 날. 캘리포니아 벤투라 파타고니아 브룩스 캠퍼스에서. 사진: 낸시 파스터

$\longrightarrow$
주차장에는 그늘을 만들고 파타고니아 본사에는 전력을 공급하는 태양광 패널. 캘리포니아 벤투라. 사진: 팀 데이비스

부록 : 책임경영 기업을 위한 체크리스트

요소 #1

소유주 및 주주에 대한 책임

○ 정기적으로 회의를 개최하고, 독립적인 외부 위원이 1명 이상 포
함되어 있으며, 임원 급여를 감독하는 이사회를 둔다.

○ 재무 정보를 모든 직원과 공유한다. 정보를 얻지 못하는 사람이
없어야 한다.

○ 부정행위를 방지하기 위한 재무 통제 장치를 마련한다.

○ 재무 보고서는 이사회가 검토하고 독립 회계법인이 감사한다.

○ 사회적, 환경적 피해를 줄이겠다는 뜻을 회사의 사명에 포함시키
고 이해관계자들과 공유한다.

○ 사회적, 환경적 피해를 줄이기 위한 직원 교육을 제공한다.

○ 회사의 사회적, 환경적 성과를 모니터링할 수 있는 전담 직원(파
트타임이더라도)을 두고, 가급적 사업장 내에 배치한다.

요소 #2

근로자에 대한 책임

○ 최저 생활임금을 지급하고, 그렇게 할 수 없다면 언제 지급할 수 있는지 파악한다.

○ 임금 수준이 시장가 이상인지 평균인지 그 이하인지 파악한다. 시장가보다 낮은 임금을 지급한다는 것은 경쟁사가 최고의 인재들(당신 회사에 있는 이들을 비롯한)을 데려갈 수 있다는 뜻이다.

○ 회사에서 가장 높은 급여를 받는 직원과 가장 낮은 급여를 받는 풀타임 직원을 비교해 급여 차이가 몇 배인지 계산한다. 특정 기간 동안 그 격차를 좁히는 것을 목표로 설정한다.

○ 연평균 이직률을 계산하고 이를 업계 내 다른 기업의 이직률과 비교한다. 당신 회사의 수치가 좋지 않아 보인다면 그 이유를 파악하고 개선을 위한 기준을 설정한다.

○ 공석에 대한 내부 채용 비율을 계산한다. 외부 채용이 너무 잦다면, 직원 교육이 적절한지 직원들이 직무에서 성장이 가능하도록 하고 있는지 점검한다.

○ 회사 연간 수익의 일부를 직원들에게 보너스로 분배한다. 회사의

로스앤젤레스 지역 내 석유 시추 종식을 위해 활동하는 비영리단체 스탠드 L.A.를 지지하고 있는 파타고니아 산타모니카 매장 디스플레이. 사진: 케나 레이너

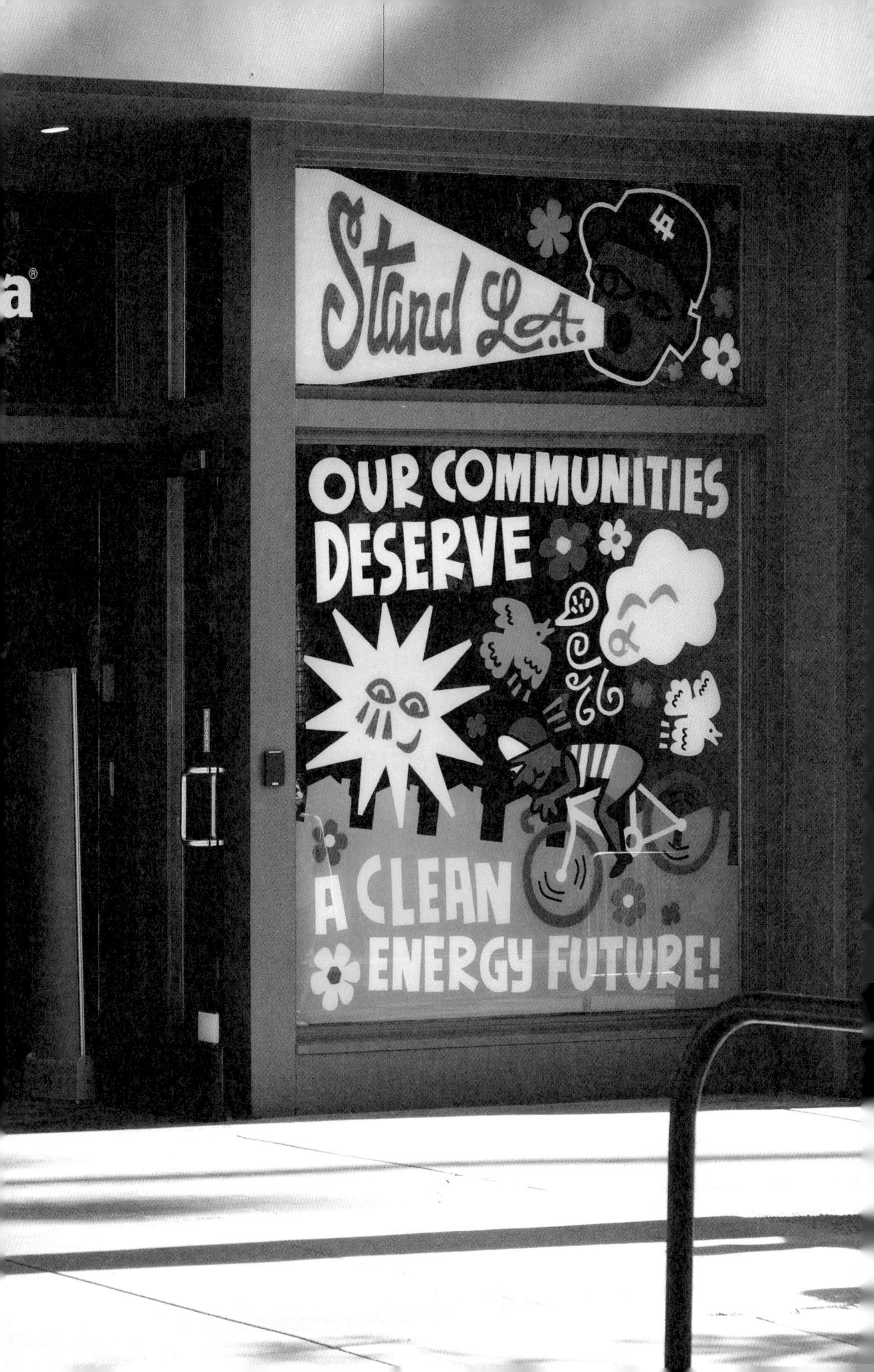
Stand L.A.
OUR COMMUNITIES DESERVE
A CLEAN ENERGY FUTURE!

목표에 대한 광범위한 지지 기반을 확보하기 위해 가능한 한 많은 직원을 보너스 계획에 포함시킨다.

○ 미국이라면 모든 파트타임과 풀타임 직원에게 건강보험을 제공한다.

○ 직원의 가족과 동거인에게 무료 건강보험 혜택을 제공한다. FSA(Flexible Spending Account, 고용주가 비용의 일부를 부담하고 개인이 부담하는 금액은 세금에서 공제되는 건강보험-옮긴이)를 제공한다.

○ 입사 6개월 후 모든 직원에게 401(k) 연금 또는 이에 상응하는 연금 계획을 제공한다.

○ 401(k) 연금 또는 이에 상응하는 연금 계획에 회사 부담 비율을 높여 직원들의 참여를 장려한다.

○ 모든 직급에 다양성과 성별 균형을 유지한다. 여기에는 변명의 여지가 없다.

○ 가능한 한 많은 직원들에게 스톡옵션 또는 이에 상응하는 형태의 회사 소유권을 제공한다. (참고: 파타고니아는 파타고니아 퍼포즈 트러스트와 홀드패스트 콜렉티브가 전적으로 소유하고 있다. 개인은 주식을 소유하지 않는다. 이본과 말린다 쉬나드는 회사를 소유하고 있을 당시 직원들에게 주식을 제공하지 않았다. 주식이 광범위하게 분배되면 회사가 환경 목표를 추구하면서 위험을 감수하는 데 지나치게 조심스러워질 것을 우려했기 때문이다.)

○ 넉넉한 휴가 수당을 제공한다: 6개월 근무 후 1주, 1년 후 2주, 가능한 한 빨리 3주, 4주를 제공한다.

○ 유급 병가와 사별 휴가를 포함한 개인 휴가, 아픈 자녀를 돌볼 수 있는 휴가를 제공한다.

○ 최소 90일 이상의 유급 출산휴가와 육아휴직을 제공한다.

○ 파트타임, 유연근무, 재택근무 기회를 적절히 허용한다.

○ 직원들이 점심시간에 운동을 하거나 자전거로 통근할 수 있도록 샤워 시설을 설치한다.

○ 직장과 가까운 좋은 보육 센터와 관계를 맺는다. 사내 보육 서비스를 제공하는 것이 이상적이다.

○ 사내 시설이 미국 장애인법의 기준 또는 이에 상응하는 국제 표준을 충족하도록 한다.

○ 사내 카페나 주방을 제공하거나, 현실적으로 불가능하다면 직원들의 식사, 휴식이 가능한 전용 공간을 마련한다.

○ 출퇴근 시 탄소 배출을 최소화하기 위해 대중교통이나 도보, 자전거로 출퇴근하는 직원에게 보조금을 지급한다.

○ 직원이 회사의 사명에 부합하는 비영리단체에 자신의 기술을 제공할 수 있도록 1년에 일주일에서 한 달 동안의 유급 인턴십 기회를 제공한다.

○ 장기 근무하는 관리직이나 창작 업무를 하는 직원에게는 유급 안식 휴가를 제공해 번아웃을 막는다.

← 브룩스 캠퍼스 카페에서 점심 식사를 조리하고 있는 파타고니아의 셰프들. 캘리포니아 벤투라. 사진: 팀 데이비스

○ 2년 이상 근무하고 퇴사하는 비임원 직원에게 퇴직금을 지급하고, 그 금액을 급여에 대한 비율로 직원 교육 매뉴얼에 명시한다.

○ 사무실에서 비인간적인 칸막이를 없애고 자연 채광이 들어오도록 한다.

○ 회사의 사명은 물론 혜택을 자세히 설명하는 직원 교육 매뉴얼을 발행한다. 여기에는 윤리 강령, 차별 및 괴롭힘 방지 정책, 직원들이 보복에 대한 두려움 없이 고충을 신고할 수 있는 정책이 포함되어야 한다.

○ 매년 모든 직원을 대상으로 직무 만족도 설문조사를 실시하고 그 결과를 정량화해 공유한다.

○ 제조 시설 또는 창고에서의 모든 부상과 부상으로 인한 손실 시간을 추적한다.

○ 가족이 육아나 수면 일정을 연속성 있게 유지할 수 있도록 비상 호출 방식이 아닌 교대 근무 방식을 채택한다.

요소 #3

고객에 대한 책임

○ 망가지거나 찢어진 부분의 수리가 가능한 오래 사용할 수 있는 제품을 만든다.

○ 사용자에게 실제로 이점이 있는 유용한 물건을 만든다.

○ 인류의 공유 자산에 도움이 되는 물건을 만든다.

○ 건강 또는 건강을 위한 활동에 도움이 되는 물건을 만든다. (예: 유기농 식품, 산악 자전거 등)

○ 예술적 또는 과학적 활동에 도움이 되는 물건을 만든다. (예: 피아노, 위도 측정기구 등)

○ 다기능 제품을 만든다.

○ 불필요한 제품이 늘어나는 것(인기 제품에 색상이나 액세서리 등 과도한 옵션을 두는 것을 포함)을 경계한다.

○ 환경에 유해한 제품은 환경친화적인 것으로 대체한다.

○ 환경 피해를 줄이기 위해 생산 공정이나 제조 공정은 공신력 있는 제3자(예: 국제 산림관리협의회, 블루사인 시스템 파트너, LEED)의 심사를 거친다.

○ 제품의 사회적, 환경적 영향에 대한 투명성을 강화한다. 회사가 속한 업계에 제조업체 또는 브랜드 영향 평가 지표를 개발하는 사람이 있다면 거기에 동참한다.

○ 제품에는 무조건적인 품질 보증을 포함시킨다.

○ 소외된 사람들에게 봉사하고, 더 이상 필요하지 않은 물건은 필요한 이들에게 기부한다. 이를 통해 세금 감면 혜택을 받을 수도 있다.

---→

예산이 확보되면 철거 예정인 마틸리자 댐, 캘리포니아 오하이오. 사진: 벤 나이트

요소 #4

지역사회에 대한 책임

○ 가능하다면 서로에 대해 잘 아는 현지 은행과 거래한다.

○ 지역사회의 저소득 계층과 유색인종에게 기회를 제공한다.

○ 가능하면 신체적 장애나 학습 장애가 있는 사람들에게 일자리를 제공한다.

○ 지역사회와 관련된 서비스 정책을 만든다. 기준을 설정하고 성과를 측정한다.

○ 직원들이 자원봉사 그룹을 조직하도록 장려한다.

○ 환경과 공유 자산을 지키는 지역 단체와 협력 관계를 구축한다.

○ 근무 시간 외에 지역 단체가 회사 시설을 사용할 수 있도록 한다.

○ 가능하다면 자선 재단을 설립하고, 회사의 규모가 작아 재단을 설립할 수 없다면 회사가 가장 중요하게 생각하는 가치 실현이나 지역사회에 변화를 가져올 수 있는 방식으로 기부를 한다.

○ 자선 기부를 장려하고 심사하는 '원 퍼센트 포 더 플래닛' 또는 다른 공인 단체로부터 자선 기부에 대한 인증을 받는다.

○ 매입의 80퍼센트를 차지하는 주요 생산 공장을 파악한다. 매년 그들과 만나 관계의 질과 목표 달성 여부를 상호 검토한다.

○ 생산 공장과의 거래에 대한 윤리 정책을 만들고 유지한다.

○ 사회, 환경적 기준을 비롯한 회사의 사명을 생산 공장과 소통한다.

○ 사회, 환경적 기준을 명시하는 행동 강령을 만들고, 생산 공장이

회사를 대신해 중요한 업무를 수행하는 곳에 행동 강령을 게시하도록 한다.

○ 주요 생산 공장에 대한 사회적, 환경적 기준을 설정한다.

○ 제3자 기관을 통해 이들 기준의 충족 여부와 방법을 검증한다. 기준이 충족되지 않지만 생산 공장이 성실하게 운영되고 있다면 사회, 환경, 품질 면에서의 성과를 지속적으로 개선하기 위한 목표를 설정한다. 그 목표에는 상호 노력이 반영되어야 한다. 성과를 측정하고 평가한다.

○ 사회적, 환경적 성과를 개선할 때 배운 것을 다른 기업과 공유해 업계가 모범 사례로 삼을 수 있도록 한다.

○ 주요 생산 공장이 재생에너지를 사용하도록 장려하고, 사용량에 대한 목표를 설정하고 추적한다.

○ 주요 생산 공장이 온실가스 배출량을 줄이고 모니터링하도록 장려한다.

○ 주요 생산 공장이 폐기물을 줄이고 매립지 및 소각장에서 폐기물을 전환하도록 장려하고 진행 성과를 표준화하고 추적한다.

○ 주요 생산 공장이 물 사용량 기준을 마련하고 줄일 수 있도록(그리고 물을 재순환하거나 회수하도록) 장려한다.

○ 주요 생산 공장의 폐수 회수 시스템 사용을 의무화한다.

○ 관련 단체와 협력해 사회적, 환경적 피해를 줄이는 업계 표준을 설정하고 소비자에게 구매 제품의 영향을 교육한다.

요소 #5

자연에 대한 책임

○ 에너지와 물 사용, 폐기물 발생에 대한 독립적인(가능한 경우) 감사를 실시한다. 이 작업에는 지역 공익 기업이 도움이 될 수 있다.

○ 탄소 사용량을 기록한다. 에너지, 물, 탄소 사용량과 폐기물 발생량에 대해 감축 목표를 설정하고 측정한다.

○ 이사회, 직원, 관련 활동에 참여하는 다른 기업들과 목표 및 결과를 모두 공유한다. 직원 회의, 회사 뉴스레터, 제안과 보상 프로그램, 직원 교육 매뉴얼, 신입사원 오리엔테이션을 통해 이를 알린다.

○ 주요 생산 공장, 협력업체, 고객과 힘을 합해 회사의 이름 아래 이루어지는 모든 활동이 환경에 미치는 영향을 줄인다. (전체 매출의 80퍼센트를 창출하는 20퍼센트 제품에 대한 수명 주기 분석을 출발점으로 삼을 수 있다.)

○ 기업이나 운영 단위에 환경보호 관련 업무를 맡는 소수의 전담 직원을 배치한다. 환경문제를 다루는 조직 내에 복잡한 요식 절차를 만들지 않는다. 환경 부서를 회사의 홍보 또는 마케팅 부서에 종속시키지 않는다.

○ 직무 명세와 성과 평가에 환경 목표를 적절히 통합한다.

○ 가능한 한 빨리 비즈니스의 80퍼센트를 구성하는 제품에 대한 전 과정 평가(Life Cycle Assessment, LCA)를 실시한다.

○ 제품과 제조 과정에 사용되는 주원료의 독성에 대한 독립적인 감

사를 실시한다. 또는 공급업체와 직접 협력할 수 있는 블루사인과 같은 독립 기관을 고용한다.

○ 재활용과 생분해성 재료의 사용 증가를 추적하고 목표를 설정한다. 그 성과를 측정한다.

○ 포장재 감축 목표를 설정하고 그 성과를 측정한다.

○ 모든 반입 화물의 운송에 대한 독립적인 감사를 실시한다. 항공과 트럭 운송을 줄이고 철도와 해상 운송을 많이 이용한다. 효율을 높이고 에너지 사용과 오염을 줄인다.

○ 업계의 관련 단체와 협력해 환경 영향을 측정하고 성과를 개선할 수 있으며 IT 소프트웨어에 통합이 가능한 도구를 마련한다.

○ 낡은 제품은 재활용 또는 용도 변경을 위해 회수하거나 파트너사와 협력해 재활용한다.

○ 제품을 품질이 우수하고 오래 사용할 수 있게 디자인하고 수리가 가능한 부품을 사용한다. 가장 친환경적인 제품은 고객이 다시 구입할 필요가 없이 영구적으로 사용할 수 있는 제품인 경우가 많다.

○ 가능한 다양하게 활용할 수 있는 제품을 디자인한다(주물 팬과 전기 병따개를 비교해 보라).

○ 재생 소재를 최대한 많이 포함하도록 제품을 디자인한다.

○ 고르게 마모되고, 부품 교체가 쉬운 제품을 디자인해 부품 하나가 고장 나서 제품 전체를 버리는 일이 없도록 한다.

○ 재활용이 가능하고, 가능하면 동일한 가치의 제품으로 재생할 수 있도록 디자인한다. (합성 속옷은 카펫 뒤판이 아닌 새 속옷이 되는 편이 더 바람직하다.)

○ 포장을 최소화한 제품을 디자인한다.

○ 에너지 사용량이 급증하는지 관찰한다. 이는 유지·보수가 필요하다는 것을 나타낼 수 있다.

○ 재생에너지 크레딧(Renewable Energy Credit, 녹색 에너지 인증서라고도 한다. 재생 가능 에너지의 생산과 소비를 장려하고 추적하는 데 사용되는 시장 기반 도구-옮긴이)을 구입한다. 공익 기업에서 재생에너지를 구매한다.

○ 기업 출장을 줄인다. 일등석과 비즈니스석 여행은 마일당 환경비용을 급증시킨다.

○ 전기 또는 하이브리드 차량으로 전환한다.

○ 가능하면 카풀 프로그램을 만든다.

○ 직원들이 버스나 기차, 카풀, 자전거나 도보로 출퇴근하도록 장려한다. 가능하면 이런 대체 교통수단에 보조금을 지급한다.

○ 인트라넷에 카풀 탑승 신청서, 자전거 노선도, 대중교통 시간표 및 지도를 게시한다.

○ 재택근무 기회와 유연한 근무 일정을 제공한다.

○ 자전거로 출퇴근하는 직원을 위해 사물함과 샤워실을 마련한다.

○ 직원과 고객을 위한 안전한 자전거 보관소를 마련한다.

직원들이 즐겨 사용하는 파타고니아 브룩스 캠퍼스의 실내 암장, 캘리포니아 벤투라. 사진: 헥터 바르가스

○ 직원들이 자동차를 가지고 출근하지 않아도 집에 가거나 병원에 갈 수 있도록 대여 자전거를 마련한다.

○ 방문객과 직원을 위한 전기자동차 충전 포트를 제공한다.

○ 중앙 냉방 장치 대신 천장 선풍기를 사용한다. 선풍기로 에너지 사용을 98퍼센트 절감할 수 있다.

○ 태양열 패널이나 풍력 발전기와 같은 재생에너지원을 설치한다.

○ 365일 프로그램 설정이 가능한 온도 조절기를 사용해 난방과 냉방을 제어한다.

○ 히트 펌프 기술(Heat pump technology, 열을 직접 발생시키지 않고 폐열을 회수·활용해 공간을 가열하거나 냉각하는 방법. 공기, 땅, 물 등에서 열에너지를 추출해 활용하여 친환경 에너지로 인정받는다–옮긴이)로 전환한다.

○ 콘덴서에 증발식 냉각기를 설치해 에어컨 시스템을 보완한다.

○ 온도 조절기를 냉방 시 26도, 난방 시 20도로 설정하고 야간 설정 기능을 활용한다. 온도를 조절할 수 없는 경우, 전기요금 지불을 책임지는 사람과 이야기한다. 시스템을 공유하는 모든 사람에게 비용 절약에 대한 제안서를 돌린다.

○ 사용하지 않는 공간을 봉쇄한다. 불필요한 창문과 기타 개구부를

막고 단열한다.

○ 업무 외 시간에는 사무실 전체를 냉난방하는 대신 소형 선풍기나 난방기를 사용한다.

○ 온수는 사용 시점에 순간 온수기를 사용한다.

○ 태양열 온수기 또는 예열기를 사용한다.

○ 건물 외부와 지붕을 다시 칠할 때는 햇빛을 더 많이 반사할 수 있도록 밝은 색상을 선택한다.

○ 옥상 정원을 조성한다.

○ 자동 수면 모드와 타이머가 있는 조명을 설치하고 사용한다.

○ 공간 전체에 조명을 켜는 대신 작업 조명을 사용한다.

○ 수도 회사와 협력해 현장별 '물 예산'을 정한다.

○ 수도 요금이 급증하는지 관찰한다. 유지·보수가 필요할 수 있다.

○ 감압 밸브를 설치해 수압을 50psi 이하로 낮춘다.

○ 수랭식 에어컨을 공랭식이나 지열 히트 펌프로 대체한다.

○ 관개는 회수 가능한 저용량 시스템을 사용한다.

○ 빗물을 모은다.

○ 동물이나 사람의 배설물이 포함되지 않은 중수(세탁, 목욕 등 가정 생활에서 나오는 물)로 관개한다.

○ 현지 날씨, 식물 유형 기타 현장별 조건에 맞게 급수 일정을 자동으로 조절하는 날씨 기반 자동 관개 조절기를 설치한다.

○ 강수량에 맞는 스프링클러 헤드를 설치해 표면에 물을 고르게 분

배한다. 포장도로로 유출되지 않도록 한다.

○ 기존 관개 시스템을 수정해 점적 관개(drip irrigation, 호스의 구멍
에서 물방울이 떨어지게 하거나 천천히 흘러나오게 해 원하는 부위에만
제한적으로 소량의 물을 공급하는 관개 방법-옮긴이)를 포함시킨다.

○ 모든 대형 관개 시스템에 유량계를 설치한다.

○ 주차장을 재포장할 때는 투수성 콘크리트를 설치하거나 둔덕을
만들어 물을 배수하거나 식목으로 유도한다.

○ 매립지나 소각장으로 가는 폐기물을 제로로 만드는 것을 목표로
한다.

○ 구매를 중앙 집중화해 폐기물을 없애고 환경 지침을 준수하도록
한다.

○ 저독성 청소 제품과 관리 제품 사용을 요구한다.

○ 지표수나 빗물이 오염의 가능성이 있는 산업 시설이나 유해 액체
저장 구역을 가로질러 흐르지 않도록 둔덕, 2차 차단 시스템, 경
사면을 설계한다.

○ 노출된 토양이 빗물 배수구로 씻겨 내려가지 않도록 화단이나 정
원 같은 조경 구역에 멀칭(바닥 덮기)을 한다.

○ 빗물받이와 배수구를 정기적으로 점검하고 유지 관리한다. 빗물
배수구에 쓰레기, 각종 잔해, 흙이 들어가지 않도록 한다.

○ 회사 차량이나 직원 차량에서 새는 오일 같은 유출물을 신속하게
처리할 수 있는 유출물 수거 키트를 비치한다.

○ 트리클로산과 같은 항균제가 첨가된 제품(손 세정제, 주방 세제, 청소 세제 포함)은 사용하지 않는다.

○ 산업 공정에 사용되는 소독제를 줄이거나 환경친화적인 제품으로 대체한다.

○ 환경을 청결하게 유지하고, 필요할 때만 살충제를 사용하고, 공간 변화로 해충이 들어오지 못하게 하는 등의 통합 해충 관리(Integrated Pest Management, IPM) 시스템을 통해 살충제 사용을 줄이거나 금한다.

○ 해충 문제를 예방하기 위해 주방, 쓰레기 보관소 기타 구역을 청결하게 유지한다.

○ 해충 방제가 필요한 경우 차단막(구멍을 메우거나 막는 등), 덫, 최후의 수단으로 독성이 적은 살충제(비누, 오일, 미생물, 미끼 등)를 사용한다. 필요할 때만 사용한다(일상적인 일정으로 삼지 않는다).

○ 야외 살포는 허용하지 않는다.

○ 구내식당이나 카페에서 사용하는 재료는 유기농 또는 현지에서 재배한 음식과 음료를 구매한다.

○ 휘발성 유기화합물이 포함되지 않았거나 함량이 낮은 페인트 제품을 사용한다.

○ 천연 또는 저공해 건축 자재, 카펫, 가구를 사용한다.

○ 일반 형광등을 무수은 LED 조명으로 교체한다.

○ 소비자 회수 시스템(예를 들어 프린터 카트리지)을 개발해 사용한

제품을 회수한다.

◯ 시설의 모든 건설 활동에 LEED 인증을 받는다. 목재, 벽판, 카펫 등 철거 시 가능한 모든 것을 재활용한다.

◯ 카펫과 카펫 뒤판, 목재, 캐비닛, 고정 세간, 건식 벽체, 파티션, 세 라믹과 천장 타일, 지붕, 콘크리트에 재활용 함량을 명시한다.

◯ 자연 채광이 되는 영역을 활용하도록 업무 공간을 재배치하고 리 모델링 시 자연 채광이 늘어나도록 설계한다.

◯ 전원 관리 소프트웨어 프로그램을 사용해 컴퓨터와 프린터를 자 동으로 끈다.

◯ 사무실 행사에서 음식을 제공할 때는 재사용 가능한 서빙 용기를 택한다.

◯ 일회용 물병을 사용하지 않는다.

◯ 음식물 쓰레기를 퇴비화한다.

◯ 잎 송풍기(노즐에서 공기를 뿜어 낙엽을 치우는 장치-옮긴이)를 사용 하지 않는다. 잎 송풍기는 나뭇잎뿐만 아니라 미세먼지도 날린 다. 게다가 가스 동력 잎 송풍기는 대기 및 소음 공해를 유발한다.

◯ '그린 사이클링(green cycling, 깎은 잔디를 폐기하는 대신 잔디밭에 남겨 두는 관행. 이 방법을 사용하면 영양분을 토양으로 되돌려 보다 건

⟶

파타고니아 제품 개발 연구소에서 동료들이 문제를 해결하기 위해 노력하고 있다. 캘리포니아 벤투라. 사 진: 팀 데이비스

강한 잔디 성장을 촉진할 수 있다-옮긴이)'을 위해 깎은 잔디를 잔디

밭에 남겨 둔다. 건조한 지역에서는 잔디밭을 피하고 건식 조경

(xeriscape, 가뭄에 강한 식물을 이용해 관개의 필요성을 줄이거나 없애

는 조경-옮긴이)을 택한다.

⟶
2018년 캘리포니아에서 열린 '기후를 위해 일어나라' 행진을 위해 파타고니아 샌프란시스코 매장에서 포
스터를 만들고 있는 아세마 토머스. 사진: 마이클 에스트라다

추천도서

1. Urvashi Bhatnagar and Paul Anastas, 『The Sustainability Scorecard: How to Implement and Profit from Unexpected Solutions』, Oakland: Berrett-Koehler, 2022

2. 이본 쉬나드, 『파타고니아, 파도가 칠 때는 서핑을』, 이영래 옮김, 라이팅하우스, 2020

3. Jean-Martin Fortier, 『The Market Gardener: A Successful Grower's Handbook for Small-Scale Organic Farming, Gabriola Island』, B.C.: New Society Publishers, 2014

4. 폴 호컨, 『플랜 드로다운』, 이현수 옮김, 글항아리사이언스, 2019

5. Tony Hiss, 『Rescuing the Planet: Protecting Half the Land to Heal the Earth』, New York: Vintage Books, 2022

6. Ryan Honeyman and Tiffany Jana, 『The B Corp Handbook, Second Edition: How You Can Use Business as a Force for Good』, Oakland: Berrett-Koehler, 2019

7. J. B. MacKinnon, 『The Day the World Stops Shopping: How Ending Consumerism Saves the Environment and Ourselves』, New York: Ecco, 2021

8. Christopher Marquis, 『Better Business: How the B Corp Movement Is Remaking Capitalism』, New Haven: Yale University Press, 2020

9. Robert McLean and Charles Conn, 『The Imperfectionists: Strategic Mindsets for Uncertain Times』, Hoboken: John Wiley & Sons, 2023

10. Paul Polman and Andrew Winston, 『Net Positive: How Courageous Companies Thrive by Giving More Than They Take』, Boston: Harvard Business Review Press, 2021

11. Kristin Ohlson, 『The Soil Will Save Us: How Scientists, Farmers, and Foodies Are Healing the Soil to Save the Planet』, Emmaus: Rodale Books, 2014

12. David W. Orr, 『Dangerous Years: Climate Change, the Long Emergency, and the Way Forward』, New Haven: Yale University Press, 2016

13. John Perlin, 『A Forest Journey: The Role of Trees in the Fate of Civilization』, Ventura: Patagonia, 2023

14. 케이트 레이워스, 『도넛 경제학』, 홍기빈 옮김, 학고재, 2018

15. Judy Samuelson, 『The Six New Rules of Business: Creating Real Value in a Changing World』, Oakland: Berrett-Koehler, 2021

16. Simen Sætre and Kjetil Østli, 『The New Fish: The Truth about Farmed Salmon and the Consequences We Can No Longer Ignore』, Ventura: Patagonia, 2023

17. Bren Smith, 『Eat Like a Fish: My Adventures Farming the Ocean to Fight Climate Change』, New York: Alfred A. Knopf, 2019

감사의 말

먼저 『파타고니아 인사이드』를 만드는 데 기꺼이 자신의 예리한 눈과 귀를 빌려주신, 헌신적이고 사려 깊고 철저한 편집자 수잔 벨에게 감사드립니다. 수잔은 저자의 수호천사이자 독자의 가장 친한 친구입니다.

존경하는 오랜 두 동료, 재능 있는 디자이너 크리스티나 스피드, 선구적인 아웃도어 사진 편집자 제인 시버트와 함께 작업할 수 있어서 기뻤습니다. 이 책과 수많은 파타고니아 발간 도서에 대한 모든 기여에 감사드립니다.

파타고니아 북스를 이끄는 칼라 올슨과 존 더튼이 이 책에 보여주신 관심과 안내에 감사드립니다. 모든 일의 진행을 맡아 주신 소니아 무어에게도 감사를 전합니다.

지난 10년 동안 이 책을 비영어권 독자들의 손에 닿게 노력해 주신 스털링 로드 리터리스틱의 해외 판권 에이전트 실비아 몰나르에게도 감사드립니다.

이 책을 널리 알리는 데 도움을 주신 와일드 리지 퍼블릭 릴레이션의 홍보 담당 스테파니 리지와 파타고니아 리테일의 조이 루이스에게 감사드립니다. 팩트 체커 마리안 래트클리프, 카피 에디터 로빈 위트킨, 교정자 로리 깁슨, 조슬린 하웰, 케이트 휠링, 인덱서 켄델라펜타에게 감사드립니다.

빈센트의 직장 동료인 캐피털 인스티튜트의 존 풀러튼, 건축가(모든 면에서) 조나단 로즈, 예일 비즈니스·환경 센터의 스튜어트 드큐 전무이사에게도 감사드립니다. 훌륭한 선생님이 되어 주신 브래드 젠트리, 테레사 차힌, 토드 코트, 블레어 밀러, 토니 셸턴에게도 감사를 전합니다.

특히 파타고니아의 CEO인 라이언 겔러트와 커뮤니케이션·정책 책임자인 코리 케나의 지속적인 지원과 제안에 감사드립니다.

10년 전과 마찬가지로, 마지막에 언급하는 것은 가장 큰 감사를 전하고픈 분들입니다. 바로 사랑, 삶, 일의 동반자인 빈센트 스탠리의 아내 노라 갤러거와 이본 쉬나드의 아내 말린다 쉬나드입니다. 매일 매일 감사드립니다.

⟶
캘리포니아 벤투라강 하구는 풍부한 생물 다양성을 가진 곳이자 최고의 서핑 포인트다. 사진: 짐 마틴

옮긴이 **이영래**

이화여자대학교 법학과를 졸업했다. 현재 가족과 함께 캐나다에 살면서 번역에이전시 엔터스코리아에서 출판 기획 및 전문 번역가로 활동하고 있다. 옮긴 책으로는 『지도 끝의 모험』, 『파타고니아, 파도가 칠 때는 서핑을』, 『누구도 나를 파괴할 수 없다』, 『부의 추월차선 위대한 탈출』, 『빌 게이츠 넥스트 팬데믹을 대비하는 법』, 『제프 베조스, 발명과 방황』, 『항상 이기는 조직』, 『2029 기계가 멈추는 날』, 『사업을 한다는 것』, 『플랜트 패러독스』, 『친애하는 주주들에게』, 『세계미래보고서 2055』, 『부의 심리학』, 『왜 우리에겐 기본소득이 필요할까』 등 다수가 있다.

파타고니아 인사이드

초판 1쇄 인쇄 2024년 9월 10일
초판 1쇄 발행 2024년 9월 15일

지은이 | 이본 쉬나드·빈센트 스탠리
옮긴이 | 이영래
감수자 | 김광현(파타고니아코리아 환경팀장)

발행인 | 정상우
편집인 | 주정림
디자인 | 석운디자인
펴낸곳 | (주)라이팅하우스
출판신고 | 제2022-000174호(2012년 5월 23일)
주소 | 경기도 고양시 덕양구 으뜸로 110 오피스동 1401호
주문전화 | 070-7542-8070 팩스 | 0505-116-8965
이메일 | book@writinghouse.co.kr
홈페이지 | www.writinghouse.co.kr

한국어출판권 ⓒ 라이팅하우스, 2024
ISBN 979-11-93081-09-9 (03320)